JE ME SUIS TRICOTÉ UN PULL POUR LA VIE

Marilyn MATHURIN

Je me suis tricoté un pull pour la vie

Éditions Baudelaire

Envois de manuscrits :
Éditions Baudelaire – 27, place Bellecour – 69002 Lyon

À Gabriella
À mes enfants
À mes trois frères
À ceux qui m'aiment
À ceux qui m'ont aidée
Aux nouvelles rencontres
À ceux que je ne connais pas

... Merci !

PREMIÈRE PARTIE

1

25 octobre 1957, le thermomètre a grimpé jusqu'à quarante. Toute la semaine, l'air avait été étouffant du matin au soir. L'odeur de charbon de bois et de maïs grillé était plus présente que d'habitude. C'était sûrement les dernières journées écrasantes d'octobre. En novembre, il fait plus frais, façon de parler, car la chaleur monte quand même jusqu'à trente degrés.

Le soleil tout rond, d'un aplat jaune parfait, brille de toutes ses forces. On pourrait croire que là-haut quelque chose a balayé le moindre petit nuage. Le bleu du ciel est superbe ! À vous donner l'envie de chercher le moindre détail, le moindre défaut. À Maradi, c'est comme ça, tous les jours.

La maison est immense. L'exubérance de sa couleur ocre se marie parfaitement avec le brun rouge du sol. Une terrasse borde toute la longueur du premier étage et à une certaine heure du jour, le soleil passe au travers des balustrades ajourées. Ça dessine sur le mur d'élégantes courbes qui s'entremêlent – un joli mélange d'ombre et de lumière. Yolande adore s'y accouder des heures entières pour rêvasser et fixer la pensée qu'elle désire, libre de choisir le sujet, l'image, le souvenir… c'est ça, la puissance de la rêverie !

Elle contemple le paysage, une main sur son ventre bien rond. Ce spectacle, elle y est habituée, elle le connaît par cœur mais il ne la laisse jamais indifférente.

Le vendredi c'est jour de marché. Il est encore très tôt et sous la lumière matinale, ça commence déjà à grouiller dans tous les sens... Des hommes grands... quelques petits, des vieux, des jeunes et des enfants qui courent partout... et puis, il y a les femmes ! La plupart portent des bassines sur la tête ! Ça déborde de fruits, de légumes cultivés ou de beignets qu'elles ont cuisinés. Beaucoup de temps consacré pour gagner seulement quelques francs CFA !

Yolande est émue lorsqu'elle les aperçoit, un bébé au sein, affairées à leurs occupations, avec un ventre arrondi par une autre grossesse. Elle les admire presque. Elle n'aurait pas ce courage. D'autres portent leur petit sur le dos, emmitouflé dans un pagne multicolore. Ah ! Le silence heureux des bébés africains ! Elle l'a bien remarqué ! Pourquoi pleurer quand on est lové et qu'on s'endort confortablement au creux des reins de sa maman !

Yolande fait une moue : porterait-elle son enfant de cette manière ? Cette question lui traverse la tête comme un éclair... Si elle était seule à décider, elle succomberait sans doute à ce mode de portage qui existe depuis si longtemps. Elle aurait surtout les deux mains libres, elle pourrait porter et transporter son bébé, aller et venir comme bon lui semble, partout et dans toutes circonstances. Pas besoin d'un landau mais que chuchoterait-on sur elle au village ?

Yolande sourit. Elle se souvient de la moquerie d'une voisine qui habite à quelques maisons :

— Vous les blanches, vous ne pourrez jamais porter au dos, vous n'avez pas de fesses.

Ce qui est sûr, c'est que Guy, son compagnon, ne tolérerait jamais une telle chose. Elle commence à le connaître. Il serait capable de la laisser ou encore même la pousser à essayer le « porte-bébé-pagne » devant les conseils d'une Africaine. Yolande pourrait alors imaginer, en observant un sourire sur le visage de Guy, que ça l'amuse et qu'il serait d'accord. Mais non, son regard traduirait en simultané de la colère. Une fois rentrés à la maison, dès la porte fermée, il lui adresserait les pires reproches à voix basse.

En arrivant au Niger, Guy, lui avait pourtant fait de multiples recommandations.

— Vivre dans une colonie française, cela suppose de ne pas faire ci, de ne pas faire cela… ou bien, elle avait droit à un… vous devrez répondre à certaines règles, Yolande, vous ne devrez pas…

… Et il répétait sans cesse comme un toc toute la liste de ces obligations.

Dans ces moments, le vouvoiement lui était insupportable et elle se demandait pourquoi il ne lui parlait pas normalement. Elle se sentait comme téléportée dans un monde auquel elle n'appartenait pas.

Les yeux de Yolande, ronds et tout noir, avaient fixé les lèvres qui prononçaient le futur règlement intérieur. En résumé, il avait exigé d'elle une distance émotionnelle permanente. Ils engageraient du personnel pour servir leurs besoins… c'était une manière de couper toute dépendance vis-à-vis de l'autre.

Yolande n'aimait pas cela et rapidement son esprit s'était évadé… Ces propos l'avaient contrariée puis l'avaient fait sourire. Finalement, ils allaient payer pour des services. Lorsqu'elle vivait encore dans son petit appartement parisien du quinzième arrondissement, elle ne rémunérait personne. Elle demandait de l'aide à une voisine, à sa concierge ou à une amie. À son tour, parfois, elle leur rendait service. C'était tout simplement de la générosité, la générosité pour Yolande, c'est une question de cœur, pas une histoire d'argent.

Tant de mots prononcés sur un ton normatif ! Ça lui avait brouillé la tête au début… ses tempes s'étaient mises à cogner. Tout s'était mélangé et son cerveau n'avait pas retenu grand-chose. Ça discutait, ça interdisait, ça obligeait, ça chuchotait, ça criait ! Un vrai vacarme là-haut sous ses cheveux !

Guy était sans doute trop préoccupé par son image. Yolande lui répétait souvent d'être plus naturel. Elle sentait bien qu'il avait du mal à exprimer ce qu'il ressentait sous son apparence agacée et intransigeante. Pourquoi toujours faire des choses et dire les choses pour répondre à un schéma opposé. Yolande ne comprenait pas, pourtant elle essayait, surtout dès qu'elle pressentait l'orage.

Le monologue lui avait fait penser à la mise en garde de sa mère :

— Yolande, méfie-toi ! Un homme qui te demande de t'éloigner de tout aussi rapidement, te demandera toujours plus.

— Mais maman !

— Oui ma fille, je sais ce que je dis. Tu n'es pas un sac de linge qu'on transporte d'un point à un autre. T'a-t-il présenté sa famille ou plus exactement sa mère dont il te parle tout le temps ? Est-elle au moins au courant qu'il part cette fois-ci sans elle ?

— Non, pas encore, mais il va le faire…

— Pas encore ? Mais qu'attend-il ? Vous vous envolez pour le Niger dans quelques semaines ! Tous les préparatifs doivent le tracasser mais tout de même, ce n'est pas une raison.

— Il m'a promis qu'il me la présenterait avant notre déménagement.

— J'espère qu'il sait tenir ses promesses, celui-là.

— C'est une nouvelle expérience professionnelle importante pour lui et valorisante pour sa carrière. C'est normal qu'il oublie un peu tout le reste. Actuellement au Niger, c'est le grand boom de l'arachide. Pour lui, partir à Maradi signifie gravir des échelons. Il sera à la tête d'un service pour développer tous les échanges commerciaux. Mets-toi à sa place, il n'a pas envie de rater une occasion comme celle-ci.

— Je comprends, mais si cette relation avec ce Guy, que je n'ai rencontré d'ailleurs qu'une seule fois, t'oblige à te couper en deux, à renoncer à une partie de toi, cela ne s'appelle plus de l'amour, c'est un enlèvement !

— Oh ! Maman, tu délires ! Tu ne penses pas que tu grossis un peu trop le trait de cette situation ? Nous nous aimons et j'ai envie de vivre avec lui…

— Tu veux vivre avec lui ou bien tu as peur de vivre seule. J'espère aussi qu'il va finir par te tutoyer, quand vous serez sous le même toit. J'ai l'impression qu'il veut éviter toute proximité et toute intimité. C'est tout à fait désagréable.

— Tu trouves cela étrange parce que chez nous c'est différent mais c'est sa façon d'être. Le vouvoiement marque l'appartenance à une certaine lignée et ses parents se vouvoient aussi… et puis moi, je trouve cela séduisant et si charmant.

— Une autre lignée ? Tu sais très bien ce que j'en pense Yolande. L'appartenance étouffe la liberté et à trop appartenir on finit par ignorer les autres.

— Je sais bien. Rassure-toi, je suis sûre qu'avec le temps il va s'assouplir.

— Il veut faire durer la magie de la conquête ! Fais attention ma chérie, cette distance qu'il t'impose ne m'inspire rien de bon. J'espère me tromper.

— Il sort de l'ordinaire, c'est tout.

— C'est le moins qu'on puisse dire. En tout cas, n'oublie pas que je serai toujours là pour toi.

— Je sais maman.

Lorsque Guy parlait, il y avait trop de phrases à assimiler et Yolande jetait au fur et à mesure tous les mots qui l'encombraient. Obéir sans réfléchir, était pour elle impossible et humainement indigne. Cette fois-ci, elle ne voulait surtout pas devenir docile et soumise, même si elle reconnaissait, qu'avec son ex-compagnon, elle avait parfois fait preuve d'un dévouement sans limite. Elle s'était complètement oubliée ! Désormais, elle voulait rester elle-même, épanouie, généreuse. Ça lui faisait plaisir de garder à tout prix un fil de vie qui bougerait avec légèreté, qui respirerait au fur et à mesure de ses journées, parsemées d'imprévus joyeux ou tristes. Pour elle, la distance avec autrui n'était pas nécessaire.

La séparation avec les siens était déjà assez pesante pour elle. Elle avait renoncé à son travail, sa vie à Paris, ses amis et sa famille, par amour. Elle avait suivi Guy en Afrique aussi dans le but de partager sa vie et de gagner encore plus son cœur. Elle le savait, c'était un peu comme une sorte de dépendance. Elle cherchait l'assurance d'avoir un homme qui saurait la soutenir mais c'était peut-être aussi le besoin d'avoir quelqu'un à qui elle appartiendrait. Partir si loin, c'était une façon de donner un coup de pied aux mauvais souvenirs, aux ruptures douloureuses, aux petits boulots, à son minuscule appartement. Après tout, elle avait encore de belles choses à vivre et en quittant tout pour Maradi, elle s'en donnait les moyens. Elle arrivait à transformer ses peurs en motivation parce que son unique but était de repartir à zéro. Elle aspirait à autre chose pour y voir plus clair et pour l'instant, lorsqu'elle fermait les yeux, elle ne percevait qu'une magnifique maquette de vie de rêve.

Lorsque Guy lui avait annoncé son grand départ, elle avait été terrifiée à l'idée de le laisser partir seul et de devoir l'attendre pendant deux ou trois ans. Qu'il l'oublie, Yolande ne pouvait même pas l'envisager. Et puis, dans un coin de sa tête, une petite voix lui avait soufflé qu'elle ne pourrait jamais lui faire de surprise. Ses revenus ne lui permettaient pas de s'offrir des allers-retours Paris/Niamey.

Ses échecs amoureux précédents l'avaient fragilisée, c'était une certitude. Sa confiance en soi déjà faible, était encore un peu plus déficiente. Heureusement elle était entourée par sa famille et elle pouvait compter sur ses précieuses amies, ses sœurs de cœur. Lors de ses régulières confidences, l'une d'elles l'avait mise en garde :

— Franchement Yolande, tous ces mecs te traitent comme s'ils ne te méritaient pas, qu'ils ne méritaient pas d'être en ta compagnie ! Fais attention à toi.

Cette phrase l'avait marquée.

Lors de leur rencontre, Yolande s'était empressée de déclarer qu'elle avait rencontré « l'homme de sa vie », en deux mots le Prince Charmant. Guy était un gentleman séduisant, beau et classe, avec une si belle couleur de peau ! Un bel athlète antillais aux allures de noir américain. Il était adorable et si attentionné. De quoi tomber sous le charme. Yolande adorait cette manière exclusive d'être aimée comme s'il n'y avait que lui qui pouvait l'aimer avec autant d'intensité. Elle sentait que sa vie changeait et que la chance lui souriait enfin.

Avant de décider de faire vie commune, il y avait bien eu des instants où quelque chose la gênait. Guy avait eu à plusieurs reprises, des réactions si violentes, complètement disproportionnées par rapport au sujet. Il commençait par lancer des objets ou les briser. Puis la colère montait et ça s'aggravait. Il s'agrippait à son bras et l'empêchait ainsi de bouger. La première fois, Yolande avait eu très peur, un peu mal aussi, puis le calme était revenu assez rapidement. Certaines fois, lorsqu'il atteignait une sorte de crise de rage, il attrapait son visage avec sa main droite. Il lui hurlait dessus, la fixait droit dans les yeux et elle sentait la pression de ses longs doigts sur ses joues. À cet instant, elle comprenait qu'elle était une victime mais faisait tout pour retenir ses larmes. Elle n'osait pas se défendre, de peur de l'irriter encore plus. Ensuite, il s'excusait et redevenait l'amant rêvé, l'ami parfait. Yolande pardonnait, effaçait ce qu'il s'était passé. Elle oubliait et remontait sur son petit nuage, persuadée que ça serait la dernière fois. Lorsqu'elle relatait cela à sa meilleure amie, il lui arrivait brusquement de s'étonner d'elle-même, de cette passivité qui l'anesthésiait.

— Yolande, enfin ! Tu ne peux pas tolérer qu'il te traite ainsi.

— C'est peut-être moi qui le provoque.

— Arrête, je te connais depuis des années, depuis la maternelle. Au contraire, tu laisses passer trop de choses et je sais que tu as horreur du conflit.

— Je lui en demande sans doute trop.

— Mais non, pas du tout. Ouvre les yeux ! D'après ce que tu me racontes, c'est toujours le même mécanisme. Il sait très bien jouer sur les tableaux positifs pour t'attirer dans son filet. Tu vois bien, il te fait des compliments, il est toujours d'accord. Et après, tout bascule, tout se renverse. En tout cas, ce qui est sûr, c'est qu'il a bien repéré tes failles et ta fragilité.

— Tu ne le connais pas.

— Non, en effet, je ne le connais pas et je n'ai pas tellement envie de le rencontrer. J'entends tout ce que tu me racontes et je t'observe. Entre nous, tu sais très bien que j'arrive à identifier les personnes qui empoisonnent la vie des autres. Je suis passée par là, Yolande, autant que ça te serve !

— Tu as sans doute raison, mon absence de réaction n'est pas normale. En plus, j'arrive à lui trouver toujours des excuses.

— Sois honnête avec toi-même, sa présence te provoque une sorte de tension inconfortable et de plus en plus tu ne fais pas ce que tu veux. Tu appréhendes ses critiques ou ses réflexions désobligeantes, voire ses ordres.

— C'est vrai mais lorsqu'il est bien, c'est le paradis !

— Oui bien sûr ! J'ai bien compris et surtout ça lui permet ensuite de créer un effet de surprise pour te faire basculer en enfer.

— Tu exagères.

— Chez cet homme, tout doit être millimétré. Il t'énonce son arsenal de règles que tu dois appliquer à la lettre. Tu ne dois y déroger sous aucun prétexte, sinon… gare à toi. Yolande, tu as déjà vu un amoureux dire « c'est comme ça et pas autrement » ?

— Non, en effet.

— Tu sais que tu peux compter sur moi, je suis ton amie et je ne veux pas te savoir malheureuse à des milliers de kilomètres.
— Je sais.
— Redescends sur terre, s'il te plaît !
— …

Une fois établis à Maradi, sous le même toit, ces signes incongrus s'étaient amplifiés. Ces volte-faces incessants, elle ne les voyait pas toujours arriver. Une sorte de chocs thermiques qu'elle détestait. Elle passait brusquement d'un baiser dans le cou, de la chaleur d'un sourire ou d'une réconciliation, au froid glacial d'un regard, d'une colère, d'une gifle et de la peur.

Yolande se redresse, pousse un grand soupir et hausse ses deux sourcils noirs. Son quotidien est devenu au fil des mois, des *oui Monsieur,* des *oui Patronne,* des *oui Guy*. Même si la vie lui paraît assez calme et lente entre les colères de Guy, Yolande étouffe régulièrement dans ce microcosme d'expatriés, elle semble glisser de plus en plus sur ce plateau incliné et doré de domestiques, de boys, de solitude… et ça glisse et ça glisse !

Guy sort de la maison pour se rendre à pied au bureau comme chaque matin. Il fait un signe de la main à Yolande en se retournant. Son regard est bien difficile à décrypter sur le moment, serait-ce du mépris, de l'agacement ou simplement que quelque chose le préoccupe à son travail ? Yolande répond avec un grand sourire tout en levant le bras. Elle sait aussi que son visage dit tout haut ce que son cœur pense tout bas.

C'est vrai, Guy n'aime pas qu'elle reste des heures, au vu de tout le monde, à contempler toutes les déambulations du village. Il sera de retour en fin d'après-midi. Ça signifie pour Yolande toute une journée pour se reposer, flâner et tricoter. Jouer des aiguilles, elle adore ça. Avec un minimum ou maximum de mailles, le petit cliquetis qui fait avancer son point mousse est toujours très régulier et rapide. Elle en a fait des pulls et des écharpes à Paris. Sous la chaleur, les laines sont plus fines et les pelotes sont en coton. Encore quelques carrés pastel et sa couverture patchwork sera terminée. Tricoter pour Yolande, c'est son petit moment de méditation. Elle se concentre sur chaque maille, chaque rang et les problèmes se volatilisent.

Une contraction assez forte la fait sursauter…

— Calme-toi, calme-toi ! se dit-elle.

Yolande le sent, c'est pour bientôt. Il ou elle va arriver. Elle reprend son calme en mâchouillant un bâton de réglisse et se remet à observer ce qui se passe au-dehors… C'est son passe-temps favori et une manière de se sentir moins seule. De toute façon avec son ventre elle ne peut plus faire grand-chose. Elle peut à peine marcher dans la maison.

Juste sous la terrasse, deux hommes à la barbe blanche échangent quelques politesses en langue haoussa qu'elle comprend désormais. Yolande est toujours amusée par ces salutations qui n'en finissent plus, c'est un vrai rituel :

— Bonjour.

— Bonjour.

— Ça va bien ?

— Je suis juste là, donc ça va bien.

Et des :

— La santé est bonne ?

— Oui, la santé est bonne.

— Comment va la maisonnée, la famille ? Ton père, ta mère ?

Et parfois ça repart.

— Et alors, sinon ça va ?

— Ça va, ça va bien, merci.

Les salutations à Maradi c'est tout un art, tout y passe ! La famille, la santé, le travail…

À droite de la maison, trois charrettes sont attelées par des ânes. Ça tire par-ci, ça tire par-là, leurs maîtres les dirigent tous dans la même direction, vers le marché. Ça fait un de ces raffuts ! La poussière, il n'est même pas besoin d'en parler pour la sentir. Après leur passage, c'est toujours pareil, un nuage monte jusqu'au premier étage, assez dense pour voiler pendant quelques secondes la lumière du soleil.

De tous ceux et celles qui passent devant sa maison, Yolande en reconnaît certains et ça lui fait plaisir. Elle leur fait un petit signe accompagné d'un sourire éblouissant. Son sourire, c'est un sésame qui ouvre les portes et les cœurs, c'est comme un don qu'elle fait aux autres, un germe de tendresse auquel il est impossible de ne pas répondre.

Yolande hume aussi les odeurs si variées. C'est ça le Niger, oui c'est ça ! Un bouquet de senteurs… Brochettes, épices, poisson fumé, bois brûlé, cuir et puis comme une parenthèse au milieu de ces émanations habituelles… De temps à autre, des parfums… humm !… Féminins !!! C'est comme une fine fumée aromatique qui monte jusqu'à ses narines et lui provoque un petit sourire malicieux. Ça vous active tous les sens et surtout ça change l'humeur de celui qui le sent. Parfum à feu, comme ils disent là-bas.

Juste en dessous, en face du hall d'entrée, ça rit fort, à gorge déployée. Les rires sont comme elle les aime. Ils éclatent en roucoulades fleuries, rythmées dans l'aigu ou le grave. Ça lui fait du bien et aussitôt la vie change de couleur. Yolande tend l'oreille et arrive presque à suivre leurs blagues. Sans s'en rendre compte elle sourit. Ça lui donne envie d'aller les rejoindre et rire… rire jusqu'à en attraper un point de côté. En Afrique, rigoler c'est une seconde nature.

Maintenant, Yolande s'amuse à admirer et comparer la beauté des boubous. Elle a bien compris, depuis sa nouvelle vie à Maradi, que le pagne est la fierté des femmes africaines. Elles ont un goût prononcé pour les belles tenues. Le wax pour elles, c'est surtout une vitrine pour véhiculer toutes sortes de messages codés. Elles s'expriment et se libèrent grâce à ce franc-parler toujours dissimulé dans un mélange de couleurs joyeuses et pétillantes. Yolande aime ce langage.

Parfois aveuglée par la lumière, Yolande arrive malgré tout à en lire quelques-uns. *Vive la paix*, pour certains, sur d'autres c'est la croyance religieuse, *Dieu est mon guide*. Le boy lui avait expliqué la signification de certains motifs. Par exemple, ceux en forme d'yeux : *L'œil de ma rivale*, c'est un clin d'œil au conflit des épouses…

Yolande n'aime pas celui qui comporte des cages à oiseaux, *Si tu sors, je sors*, traduction : Mari, attention à toi ! Si tu es infidèle, je le serai aussi…

À l'instant, deux femmes se rejoignent. Elles parlent très fort, toutes joyeuses de se retrouver. Les coloris de leurs magnifiques boubous sont flamboyants et le tissu à l'aspect ciré scintille au soleil. L'imprimé de la plus grande qui a d'ailleurs un port de tête sublime, comporte des feuilles de gombo, *je suis une femme sage qui a beaucoup épargné, j'ai à offrir*.

Quant au motif de l'autre, ce sont des bisous, *fière d'avoir un mari attentionné et prospère*. Une manière d'attiser certaines jalousies.

Il y a pourtant des musulmans au Niger. Elle se souvient d'une longue discussion à ce sujet avec l'un de ses boys.

— Patronne, il m'est permis d'épouser deux, trois ou même quatre femmes parmi celles qui me plaisent. Ce n'est pas comme vous en France.

— Quelle abondance ! Cela ne provoque pas des situations conflictuelles, des jalousies ? Moi, je sais que je ne pourrais pas supporter d'avoir des rivales. Je n'imagine même pas des rivales qui donneraient des enfants à l'homme que j'aime ! Ah non… Ceci dit, je comprends, c'est votre culture.

— Il y a une phrase qui dit : Si je ne suis pas capable d'être juste avec toutes ces femmes alors il vaut mieux que j'en épouse qu'une seule. Patronne, chez nous, il ne faut surtout pas être injuste…

Ces propos avaient fait sourire Yolande. Si elle devait s'acheter du tissu, elle choisirait le dessin des cinq doigts alignés et de la main à plat qui signifie, *l'union fait la force*. Yolande aime ce message fort qui signifie unir et unir c'est lier. Elle a choisi de vivre avec un homme qui finalement préfère la solitude, le repli et elle ne cesse de lui répéter :

— Vous savez mon cher Guy, tout seul, nous ne sommes pas grand-chose. Le fait de s'unir à plusieurs on obtient toujours plus de talents, plus de réussite, plus de force intellectuelle ou physique.

— Moi je suis bien comme cela. Je suis très pris par mon travail. Je vous ai, vous êtes là ! Que ferai-je sans vous, Yolande ? Et bientôt, nous serons trois, nous serons une petite famille. Je n'ai besoin de rien d'autre et de personne d'autre.

— Si vous restez dans votre coin avec vos idées et moi dans mon coin avec mes idées, ça ne donnera jamais rien. Par contre, si nous communiquons et réunissons nos idées, nous aurons encore plus d'idées, des idées plus grandes.

— Pourquoi avez-vous toujours ce besoin de communiquer. Avec qui voulez-vous communiquer, d'ailleurs ? Nous parlons, il me semble !

— Très rarement, trop peu pour un couple mais vous ne vous en rendez même pas compte. Vous fuyez tout sujet embarrassant !

— Je ne fuis jamais, c'est vous qui communiquez mal.

— Vous êtes de mauvaise foi. Je confirme que si les moins bons aident les meilleurs et si les meilleurs, en aidant les moins bons, deviennent à leur tour meilleurs, les résultats seraient magiques… Vous n'êtes pas d'accord ?

— Avec votre théorie, vous tirez les meilleurs vers le bas, dit Guy avec agacement.

— Mais pas du tout, c'est le contraire !

— Laissons là la discussion, Yolande.

— De toute façon votre raisonnement est hermétique et me dépasse.

Yolande ravale le mot de trop et un voile de mélancolie traverse son regard. Maintenant elle sait précisément à quel moment elle doit se taire pour ne pas stimuler une colère. Sa grossesse arrive à terme et elle ne rêve que de sérénité, de douceur et de repos. Tant de fois la situation avait dégénéré. Elle aurait peut-être dû repartir dans sa famille mais il y avait le bébé. À chaque fois elle acceptait ses pardons, elle fondait devant ses promesses et le calme revenait. Yolande a compris que devant la mauvaise foi, quand l'humour n'est plus efficace et que le ton monte, il ne faut pas attiser la fureur. Elle s'épuise à chaque fois à rechercher la vérité dans un éternel et redondant combat rhétorique. Aujourd'hui elle choisit de rester muette. Elle ne se laisse pas entraîner dans la spirale des disputes et préfère ainsi apaiser la situation.

Ses épaules descendent un peu. Elle pousse un grand soupir de désespoir. Guy n'éprouve aucun remords. Aussi incroyable que cela puisse paraître, il ne ressent jamais ce qu'elle endure. Un manque d'empathie l'empêche de s'occuper de ce qu'elle pense et de ses sentiments comme s'il ne pouvait pas regarder au-delà de sa propre personne. Il est capable de se mettre dans une rage folle en une seconde, pour une broutille ou contre elle et en même temps, de côtoyer une sorte d'insensibilité émotionnelle.

Yolande n'est pas habituée à cela. Elle est plutôt trop sensible, comme lui répétait sa mère :

— Soit plus forte Yolande, la vie t'a déjà fait quelques petits clins d'œil. Tu vas finir par séduire un homme qui te fera du mal.

C'est vrai que tout la touche : une forme de nuage, la fin triste d'un film, la souffrance d'une amie, la trahison d'un amoureux, la maladie d'une voisine, la perversité d'un collègue... Il lui faut du temps pour digérer et parfois un stock de mouchoirs. On lui reproche souvent d'avoir des émotions à fleur de peau.

À l'adolescence, sa compassion s'est développée de plus en plus. Elle avait toujours cette énergie pour être pleinement avec l'autre, l'écouter, le comprendre et créer des liens. Sa mère d'ailleurs, avait beau lui donner des conseils, finalement, elles se ressemblaient sur ce trait de caractère et cette naïve façon d'appréhender la vie. Elle était son miroir. C'est sans doute pour cela que sa mère comprenait sa fragilité et qu'elle la mettait en garde dès qu'elle le pouvait. Yolande voit les choses avant les autres et son don de soi la perd régulièrement.

Son intuition lui dit les choses mais elle n'écoute pas cette petite voix qui lui parle. Pourtant, elle se répète de temps à autre un paragraphe de Victor Hugo qui l'avait marquée :

C'est parce que l'intuition est surhumaine qu'il faut la croire,
C'est parce qu'elle est mystérieuse qu'il faut l'écouter,
C'est parce qu'elle semble obscure qu'elle est lumineuse.

L'énorme ventilateur de plafond tourne très rapidement dans le sens des aiguilles d'une montre. Il apporte une brève sensation de fraîcheur, l'idéal est de se placer bien au-dessous. Yolande installée dans sa méridienne en rotin, les jambes allongées et les mains sur le ventre, retrouve une respiration normale après une nouvelle contraction. Elle lève le front et observe les grandes pales en bois. Il grince toujours celui-là, à chaque tour mais ce bruit lui est devenu familier.

Elle ferme les yeux et sent ses cheveux longs voler doucement et lui caresser les épaules.

Ce soir, Yolande a l'impression d'avoir l'estomac moins comprimé. La tête du bébé est sans doute plus bas dans son bassin, en tout cas il a bougé, elle en est certaine. Des douleurs persistantes dans le bas du dos l'avaient gênée toute la journée. Même pour faire quelques pas, elle s'était tenu les reins, c'est un signe.

Maintenant que tout est organisé, elle est contente d'accoucher à la maison, dans sa chambre en toute intimité. C'est quelque chose qui n'aurait pas été possible en Métropole. Au début ça l'avait surprise et déstabilisée, ça lui avait même fait peur mais à Maradi tous les bébés naissent ainsi, au village. La sage-femme, Fatou, l'avait rassurée en lui disant qu'elle habitait à deux pas. Yolande est tout de même sereine, tout est prêt, le trousseau, la chambre, le berceau. Elle est prête aussi à s'ouvrir à la vie, donner la vie.

Guy rentre, fatigué et irrité de sa journée. Ses traits sont tirés. Comme d'habitude il a l'air soucieux. Souvent elle le laisse se réfugier dans sa bulle mais aujourd'hui elle n'a parlé à personne. Elle a envie de discuter, de rire et de partager une douce soirée. Elle est tout à fait consciente que les besoins masculins sont si différents des attentes féminines mais elle tente d'engager la conversation. Elle voudrait tant comprendre et savoir ce qui le rend aussi tourmenté. Elle essaye malgré tout de rester joyeuse. C'est peut-être une mauvaise journée pour lui mais ce n'est pas une raison pour que l'atmosphère soit tendue.

— Votre journée a-t-elle été agréable ?

— Rien d'extraordinaire, je suis complètement assommé ! Je ne supporte plus cette chaleur.

— Bientôt, les températures vont commencer à baisser un peu.

Comme pour faire diversion d'un éventuel interrogatoire, Guy soulève une boîte qu'il avait posée par terre en même temps qu'il s'affalait dans le fauteuil. Il l'ouvre et en sort une peluche.

— Un paquet est arrivé de métropole au bureau.

Yolande se redresse.

— Quelle ravissante petite girafe ! Elle a l'air toute douce ! C'est de la part de votre mère ?

— Non, je vous ai déjà dit que ma mère n'est pas encore au courant.

— Ah ! Dommage, j'espérais… dit Yolande contrariée en baissant les yeux. Il vous reste quelques jours avant la naissance pour envoyer un télégramme et prévenir toute votre famille.

— Je sais ce que j'ai à faire. Vous n'allez pas recommencer !

— Vous avez honte ? Honte de moi ?

En principe, quand on est heureux, on a plutôt envie de partager son bonheur.

— Arrêtez, je vous prie. Sachez apprécier ce présent ! C'est un cadeau de la part d'un ami marseillais, un point c'est tout. Cela ne vous fait pas plaisir ?

— Bien sûr que si, mais vous ne m'avez jamais parlé de cette personne. Au moins, quelqu'un de votre entourage est au courant que vous allez être bientôt papa et qu'il y a par conséquent une femme à vos côtés qui porte votre enfant.

— Je vous rappelle que je suis exténué. Nous discuterons une autre fois.

Yolande se lève. Elle attrape le petit animal par le cou avec un certain agacement. Une fois dans la jolie chambre de bébé, Yolande se calme aussitôt et le dépose délicatement dans le berceau. Elle se surprend à lui parler à voix haute :

— Tu seras son premier doudou.

Yolande désire communiquer. Dans ses journées, elle ne fait que donner des ordres aux boys et ça ne l'enchante pas. Guy n'a pas bougé de la terrasse, il lit son journal toujours assis dans son fauteuil. Elle voudrait lui raconter ses sensations, sa journée. Elle n'ose pas, il est souvent de mauvaise humeur en particulier, lorsqu'il rentre du travail. Ce soir, elle devine chez lui beaucoup d'anxiété et reconnaît tout de suite cet état qui malheureusement n'obéit pas souvent à la logique. Yolande reste prudente, la colère peut éclater d'une minute à l'autre. Ses oreilles se mettent à bourdonner et des frissons lui parcourent tout le dos, malgré la douceur de l'air. Elle réfléchit tout le temps pour tenter de déceler des motifs justes et clairs mais elle n'en trouve jamais.

Il se sent peut-être exclu. Pour lui, la grossesse et le futur bébé, sont abstraits. Yolande ressent le bébé dans son ventre, dans son corps. Elle se doute bien que ses émotions sont différentes des siennes et qu'elles sont vécues de l'extérieur. Peut-être aussi que sa prise de poids et la transformation de sa belle silhouette l'angoissent, mais il n'en parle pas. Elle a déjà surpris quelques regards à la dérobée qui l'ont gênée ou parfois blessée, elle non plus, n'a rien dit. S'il y a une période dans la vie où une expérience devrait se vivre au diapason avec son compagnon, c'est bien en ce moment, à l'accouchement et après. Quand elle lui parle de certaines choses elle voit bien dans son regard que c'est un grand mystère. Pourtant, pendant toute la grossesse, elle l'a toujours encouragé à tisser un lien avec le bébé pour effacer cette distance qu'elle ressentait.

— Mettez votre main sur mon ventre. Allez ! Laissez-vous faire.

Yolande lui prend la main.

Guy fronce les sourcils.

— Ne soyez pas si distant et si impatient, vous allez apercevoir une jolie bosse se former.

— Oui, j'attends.

— Regardez, là… cette bosse, ce doit être son petit pied.

— C'était furtif.

— C'est normal, c'était juste un coup de pied ! Parlez-lui, je suis sûre qu'il ou elle va vous entendre. C'est important.

Guy se lève et murmure quelques mots inaudibles.

Brusquement, Yolande pousse un cri. Une crampe au mollet droit la raidit en arrière, tant la douleur est violente et aiguë. Elle sort de ses pensées et masse efficacement sa jambe pour soulager la contracture. Elle constate que ses chevilles sont encore plus gonflées qu'hier. Depuis le début de sa grossesse, elle a su apprivoiser jour après jour, les inévitables modifications de son corps. Bien qu'il traverse avec elle la plus grande des aventures, elle se surprend depuis peu à le scruter dans le miroir avec un regard sévère et une certaine angoisse. Finalement, elle préfère en sourire.

C'est un soir tropical comme beaucoup d'autres. La nuit tombe très vite au Niger, comme si une chape de béton venait remplacer la couche azur. Yolande n'en finit pas de contempler le jour qui disparaît, pour laisser place au noir de la nuit. Son regard est attiré par une multitude d'étoiles qui donne l'impression que le ciel est transparent. Elle commence une sorte de promenade céleste et fascinée, elle s'arrête sur un point plus brillant que les autres. Elle le contemple et se demande quelle est cette constellation : serait-ce la Grande Ourse ? Son bébé sera Scorpion, elle cherche alors dans le ciel une forme qui pourrait ressembler à la constellation de ce zodiaque. Elle ne trouve rien. Une étoile filante vient de strier à toute vitesse le ciel, Yolande s'empresse de faire un vœu puis elle baisse la tête. Son mal de dos la fait à nouveau grimacer. Tout lui devient insupportable, cette chaleur moite, son poids, ses jambes qui ne la portent plus, ses inquiétudes mais elle a confiance dans ce qu'elle ressent.

Yolande guette de plus en plus le moindre signe annonciateur. Sa grossesse est à terme et elle se sent prête à accoucher. Elle répète à Guy tous les jours :

— J'ai l'impression que mon cerveau relâche de plus en plus de l'ocytocine !

— Vous ne croyez pas que vous exagérez ! Chaque matin, vous vous réveillez avec cette idée. Ce sont les premières paroles que vous prononcez avant même que nous prenions notre café. Je n'en sais rien, moi !

— La sage-femme m'en a parlé et je l'ai lu dans mes livres sur la grossesse.

Guy lève les yeux au ciel tout en haussant les épaules.

— Je vous assure, c'est comme si de l'amour circulait dans mes veines. Je me sens différente, prête à être maman !

La moue que fait Guy amuse Yolande. Elle lui donne une petite tape amicale dans le dos.

— Vous ne pouvez pas savoir ce que je ressens, de toute façon cela ne vous intéresse pas.

— …

2

26 octobre, exactement trois heures, le silence du petit matin s'interrompt par un cri de bébé. Une minute magique, un moment d'une profonde intensité pour Yolande. Fatou, la sage-femme annonce avec son sourire bienveillant :

— C'EST UNE FILLE ! Bravo Madame, bravo Yolande, vous avez été courageuse ! Vous avez fait une belle petite métisse ! Toute craquante… Elle va bien… Vous aussi. Félicitations à Madame, félicitations aussi à Monsieur !

La petite Princesse Lou est arrivée au monde. Sa vie débute. Le monde qui l'entoure n'est à cet instant qu'une fragile esquisse. D'incroyables sensations viendront tour à tour exécuter le tracé final pour que Lou grandisse. L'existence entière se tient droit devant elle pour l'aider à emprunter le meilleur chemin.

Fatou coupe le cordon ombilical. Lou crie avec énergie puis s'apaise et prend de l'air tranquillement. Elle est déjà toute sereine. Après tant d'efforts, tant d'attente, Yolande savoure chaque seconde comme un instant sacré. La sage-femme la dépose doucement sur son ventre, la tête bien blottie entre ses deux seins et les joues de Lou deviennent peu à peu roses. Quelques secondes d'éternité s'écoulent et Yolande fait connaissance avec sa fille, peau contre peau. Quelle rencontre ! Elle éprouve en premier une sensation d'étrangeté, une sorte de flottement d'où pourrait surgir de la panique. Puis, presque instantanément, une immense joie prend le dessus et envahit toute sa tête, tout son cœur. Elle sait que son bébé va retrouver son odeur, entendre à nouveau ses battements de cœur et reconnaître sa voix. Elle la serre un peu plus. Totalement sous le charme de son bébé, Yolande déborde de bonheur ! Elle la trouve si belle !

Cette naissance… une expérience tellement grandiose, si bouleversante que Yolande a encore du mal à y croire. Elle qui trouvait que le bonheur, parfois, n'avait pas de réelle définition, elle le sent désormais en elle. Il a simplement à être vécu. Elle comprend et ressent à son tour, toutes ces choses témoignées par de jeunes mères dans des magazines, dans tous ses livres reçus de métropole. Elle les a dévorés page après page. Elle aurait bien envie d'écrire à son tour toute cette aventure maternelle en terre d'Afrique.

Elle est d'accord pour admettre que ces moments sont en effet les plus beaux dans la vie d'une femme… et si riches !

Des souvenirs d'enfance resurgissent. Yolande adorait, à l'heure du coucher, l'histoire du soir. Bien blottie sous la couverture, sa mère lui racontait sa naissance, souvent à la suite d'un *Blanche Neige* ou autres contes. Plus Yolande grandissait, plus sa mère rajoutait des détails.

— Maman, raconte-moi encore quand je suis née, raconte encore.

— Allez viens.

Sa mère s'allongeait sur le lit, passait un bras sous la tête de Yolande… lui faisait quelques baisers dans les cheveux en fermant les yeux… et le récit commençait. Elle faisait des signes, elle chuchotait parfois ou changeait de voix selon la personne qu'elle imitait… Yolande adorait cela ! Une fois que le principal était dit, elle rajoutait des petites anecdotes, des couleurs au récit qui n'étaient jamais les mêmes.

Yolande avait gardé d'extraordinaires souvenirs de ces moments d'intimité. Ce rituel du coucher la faisait planer dans son imaginaire et attisait sa curiosité. Souvent, elle s'animait de mille questions, mais sa mère gardait son calme et avait toujours une réponse toute prête. Ces moments de complicité resteraient toujours dans sa mémoire. Elle ferait pareil pour sa petite Lou, même s'il fallait désobéir au règlement intérieur.

Tout le monde semble heureux ce jour-là, Yolande, Guy et surtout Fatou qui affiche un sourire éclatant. Il illumine comme d'habitude son beau visage noir. Guy embrasse Yolande et Lou tour à tour, sur le front. Yolande ne décolle pas son regard des petites mains et des orteils potelés. Elle est émue et quelques larmes coulent le long de ses joues. Fatou, elle aussi est émue, même si sa vie entière, elle l'a passé à donner la vie. La fatigue est là mais ça ne l'empêche pas d'avoir un regain d'énergie pour aider la domestique à nettoyer et remettre la chambre en ordre. Ses yeux brillent beaucoup plus ce matin. Elle est fière de sa vocation, de l'amour de son métier. Chaque naissance la rend heureuse. Parfois, il y a aussi cette fragilité de la vie où tout se joue, tout bascule, en quelques secondes, surtout en Afrique. Elle va rentrer chez elle épuisée, mais grâce à elle, Lou a vu le jour et toute la maison est remplie de joie.

Fatou entre dans la chambre avec précipitation, essoufflée.

— Madame, Madame, vous entendez les tam-tam ?

— J'étais justement en train d'écouter. Ces sons et ces rythmes sont irrésistibles. Pourquoi jouent-ils si tôt ?

— Ils annoncent la naissance de votre fille.

— C'est merveilleux ! En même temps c'est émouvant !

— Chez nous, on les appelle les tambours-parleurs. Ils servent encore aux villages à communiquer entre eux.

— Même dans mon état, ça me donne envie de me lever et de me déhancher.

Fatou sourit.

— Tendez bien l'oreille, je ne sais pas si vous pouvez faire la distinction entre les différents sons.

— Mis à part le rythme, je t'assure que tout me semble identique.

— C'est normal, décoder le tambour-parleur est un exercice difficile… Selon la manière de le frapper, les villages différencient une naissance d'un mariage ou d'un décès. Parfois, ils annoncent tout simplement une fête.

— Incroyable !

— C'était notre téléphone pendant très longtemps. Mon père m'emmenait assister régulièrement à des cérémonies publiques pour apprendre la langue sacrée.

— Dis-moi, je n'ai jamais encore vu de femmes taper sur les tambours.

— Il n'y a que les hommes qui ont le droit d'utiliser les tam-tam. Dans la tradition, les femmes dansent, elles ne jouent pas.

— C'est dommage ! Non, c'est plutôt révoltant.

Yolande donne une petite tape amicale sur l'épaule de Fatou.

— Ne pensez pas cela. Les femmes ont leur rôle. Lorsqu'elles sont en groupe, ce sont elles qui créent les rythmes pour toutes sortes d'occasions, principalement les rites de la vie, comme aujourd'hui la naissance de votre petite Lou.

— Et les hommes jouent avec leur instrument…

— Oui, pour transmettre les rythmes d'une génération à l'autre.

— Vous avez su conserver de très belles valeurs.

— C'est notre façon de lier notre passé au présent et au futur. Il faudra transmettre ceci à la petite, lui dire que les objets parlants ont annoncé sa naissance aux villages voisins.

— Tu as raison. Je ne sais pas si Monsieur sera d'accord mais je le ferai.

— C'est important de garder le souvenir vivant des belles histoires pour les raconter. Chez nous, la tradition orale est primordiale, *le bagage de bébé* comme on dit, est la ressource de l'histoire familiale africaine.

— C'est bien, la famille en Afrique a gardé une place primordiale, surtout vos enfants.

— Notre histoire circule, se diffuse du bouche-à-oreille par nos griots pour survivre le plus longtemps possible. Ici, nos conteurs s'appellent *jasare,* vous retiendrez ?

— Tu peux compter sur moi. Je vais tout écrire dans un cahier. Je pense que Lou sera contente de pouvoir lire tout cela quand elle sera grande. Je lui parlerai beaucoup de toi aussi. Peut-être qu'un jour elle viendra te rendre visite.

3

Le soleil se lève à peine. De son lit, Yolande contemple le ciel qui change progressivement. C'est splendide ! Serait-ce un bon présage ? Songe-t-elle. Elle se souvient brusquement d'un dicton que citait son père :

Ciel rouge le soir, laisse bon espoir,
Ciel rouge le matin, pluie en chemin

De la pluie, Yolande peut parier qu'elle *n'est pas en chemin*. Le climat est plutôt brûlant en cette période de l'année. Du *bon espoir*, elle en a toujours et sa motivation reste forte même si à certaines heures, elle semble en manquer.

Yolande tient Lou dans ses bras et veut lui faire partager cet instant magique. Elle lui chuchote dans l'oreille :

— Regarde, la lumière va colorer chaudement le paysage. Ouvre tes petits yeux.

Yolande se sent, elle aussi, comme une petite fille restée émerveillée par l'enchantement d'un spectacle vu et revu mille fois.

Guy sourit.

À présent, l'aube éclaire peu à peu la chambre. Toutes les fenêtres sont ouvertes et les couleurs de la première lumière du jour, les réchauffent toutes les deux. Elles sont comme enveloppées par le silence si particulier du matin. Yolande se souviendra toujours de ce jour, de cette heure, de ces couleurs, de ces odeurs, de ces chants d'oiseaux.

Elle écoute la respiration lente de sa fille, entrecoupée de petits tressaillements.

— Oh ! Qu'y a-t-il mon p'tit chat ? Chut ! Chut, chut ! Ça va aller.

Yolande remonte le drap brodé de petits éléphants. Elle tapote le berceau en rythme en débutant l'air d'une comptine africaine.

Clap, clap comme si elle frappait dans ses mains :

— Olélé, Olélé
Olélé, olélé, moliba makasi
Olélé, Olélé
Olélé, olélé, moliba makasi
Ohé piroguier, prends tes rames et pousse l'eau derrière toi.
Olélé, Olélé
Olélé, olélé, moliba makasi
Olélé, Olélé
Olélé, olélé, moliba makasi
Ohé, piroguier, tu rames fort, tu rames vite, ta pirogue file sur l'eau...
La la la la
La la la la.

— Vous ne pouvez pas lui chanter une autre comptine ? dit Guy agacé.

— Pourquoi ? C'est bien rythmé et la mélodie est joyeuse ! Vous ne trouvez pas ?

— Cela ne me plaît pas du tout !

— Pourtant je trouve cela amusant. Je l'ai apprise par cœur spécialement pour la chanter. Lou apprécie puisqu'elle s'est arrêtée de pleurer.

— Mais qu'est-ce que vous en savez, elle aurait cessé ses larmes de toute façon, avec n'importe quelle berceuse.

— Vous exagérez, comme d'habitude. Vous n'êtes jamais content et j'ai l'impression que vous critiquez tout ce que je fais.

— C'est vous qui avez, encore une fois, un comportement inadéquat et cela me déplaît. Souvenez-vous bon sang, de ce que je vous ai dit en arrivant ici !

— Vous me parlez de comportement pour une simple chanson ? Vous mélangez tout.

— Comment ça je mélange ! Évitez vos écarts de langage, s'il vous plaît. Je ne vois pas l'intérêt de lui chanter une comptine africaine. Chantez-lui une comptine mais une comptine française ! Je ne veux pas de cela chez moi.

— Eh bien prenez-la dans vos bras et chantez-lui ce que vous voulez.

— C'est vous la mère.

— Je ne vois vraiment pas pourquoi vous réagissez ainsi. Lou est née à Maradi, ça la suivra toute sa vie.

— Et alors, ce n'est pas pour autant qu'elle a la peau noire et qu'elle est africaine.

Guy se racle la gorge.

— J'exige que vous lui chantiez autre chose, ce n'est pas le choix qui manque. Certes, nous vivons à Maradi mais je vous rappelle que le Niger est une colonie française !

— Oui, je suis au courant. En fait, vous voulez que tout le monde vous obéisse, vos employés, vos boys, votre chauffeur, votre femme, par contre, face à votre mère, vous ne…

— Cessez, je vous prie !

— Vous avez raison, c'est trop. Je suis exténuée moi aussi, j'ai besoin de me reposer. Lou est née ce matin et vous vous fixez déjà sur l'origine d'une chanson alors que les refrains sont tout de même en français.

Yolande ne comprend pas grand-chose à toutes ces discussions, tellement inutiles et si négatives. Elle ne fait rien de mal. Depuis leur installation en Afrique, Guy n'a pas à se plaindre. Elle est toujours disponible pour lui, pour l'intendance de cette immense maison, pour gérer les domestiques. Il occupe pour ainsi dire toute la place dans sa vie. Même fatiguée, elle essaye toujours de lui être agréable pour que sa mauvaise humeur disparaisse. Malgré cela, n'importe quel sujet engendre des tensions. Elle ne comprend pas non plus ce rejet qu'il a de l'Afriquc, de l'Africain. Pourquoi venir jusqu'ici, travailler, fonder une famille, si la vie locale ne lui convient pas. Yolande est aussi consciente qu'il traîne des complexes clairement hérités de ses ancêtres. La blessure de l'esclavage en est-elle le noyau ? Être un *non blanc* dévoile chez lui un sujet sensible, qu'elle n'ose d'ailleurs plus aborder. Pour elle, cette injustice n'est pas provoquée uniquement par un problème de couleur ou de racisme, c'est aussi un état d'esprit et un caractère.

Fatou est revenue dans l'après-midi pour que la première journée d'une *maman apprentie* soit la plus paisible possible. Yolande sait que son instinct maternel s'est réveillé mais elle se demande ce qu'elle ferait sans son aide, toute seule, loin de Paris, loin des siens. Fatou lui donne beaucoup de conseils et la rassure toujours dans le moindre détail avec cette faculté qui lui est propre, de garder toujours la bonne attitude.

— C'est normal que vous ayez des appréhensions, vous êtes maman seulement depuis quelques heures !

— C'est bizarre, hier mon enfant n'était qu'une image, une forme qui bougeait dans mon ventre et qui me comblait de joie.

— Je comprends.

— Aujourd'hui, elle est là, à côté de moi et je la regarde. Tout est magique et encore si mystérieux.

— Tout ira bien, vos gestes viendront naturellement. Calmez-vous, tout va bien se passer.

Je partirai en fin de journée, lorsque Monsieur sera de retour.

— C'est gentil, je ne saurai jamais comment te remercier.

— Vous savez Yolande, vous êtes tellement gentille avec tout le monde, on a envie de vous faire plaisir.

À la fin du dîner, la maison est paisible. Lou va bientôt se réveiller pour la prochaine tétée. Yolande n'a presque pas touché son assiette. Gavée de toutes ces discussions matinales et injustes autour de quelques refrains, son appétit est comme bloqué. Elle aurait voulu traîner au lit, tranquille dans la chambre, à l'abri du regard de Guy mais elle n'a pas osé le laisser seul.

Elle ressent comme une boule au ventre. Les secondes s'écoulent et ses mains deviennent moites. Elle craint ses réactions et son cœur bat de plus en plus fort. Pendant sa grossesse, elle vivait en symbiose avec son bébé. C'était une sorte de cocon protecteur qui la rendait forte. Aujourd'hui, avec l'épuisement, elle se sent beaucoup plus fragile, vulnérable et hypersensible aux critiques. Elle soupire. Une petite voix lui murmure, *en amour tu ne dois jamais souffrir ni avoir peur*.

Avant que Guy ne l'apprenne par Fatou ou quelqu'un d'autre, elle doit l'informer de quelque chose. Vraiment très hésitante, elle prend tout son courage, respire à fond et essaye d'être la plus naturelle possible. Le calme règne.

— Vous reprendrez bien encore une ou deux tranches d'ananas.

— Non merci, vous savez que je ne raffole pas des fruits en boîte.

Guy plie sa serviette, signe qu'il va bientôt sortir de table. Yolande doit réagir.

— Au fait, je ne vous ai pas dit, Fatou a enterré le placenta.

— Comment ? Qu'est-ce que c'est que cette histoire ? Qu'est-ce que vous êtes en train de me dire ?

— Fatou a en-ter-ré mon placenta !

— Mais vous êtes devenue complètement folle, ma parole.

Guy grimace, se lève brusquement et d'un accès de colère tire sur la nappe.

Yolande voit les assiettes, les verres et le saladier valser devant elle. Ils éclatent en morceaux sur le carrelage. Des rondelles d'ananas atterrissent à ses pieds. Yolande est choquée et se met debout lentement en s'aidant du rebord de la table. Elle pensait naïvement que ce nouveau rôle de papa ferait rempart à sa brutalité.

— Calmez-vous !

Mc calmer ?

— Oui, je vous demande de vous calmer, il n'y a rien de grave ! Fatou m'a parlé un jour de leur rituel et la symbolique m'a plu. J'ai accepté qu'elle le fasse.

— Quelle symbolique ?

— Elle m'a expliqué que c'est une façon de signifier l'ancrage à la terre qui a fait naître Lou. Elle l'a enterré près de la maison, sous le grand baobab qui est dans la cour.

— Vous avez perdu la tête ? Mais nous ne sommes pas africains, Lou n'est pas africaine et cette Fatou, si elle approche encore une fois ma maison, je la fous dehors, dit Guy avec un regard de haine.

— Pourquoi êtes-vous si agressif ? D'après leur coutume, il paraît que le placenta restitué à la terre donne plus de vie à tous ceux qui y habitent.

— Je vous interdis dorénavant de prendre des décisions sans m'en parler.

— Pourquoi ? Pour que vous refusiez une fois de plus quelque chose ? Je ne vois pas ce qui vous gêne dans cette tradition, ce placenta était dans mon ventre. Je ne fais rien de mal et Fatou non plus. Vous vouliez en faire quoi, de mon placenta ? Quant à Lou, ça lui fera des souvenirs atypiques que nous lui transmettrons. Peut-être qu'un jour, elle aura envie de mettre tout cela sur du papier. Peut-être écrira-t-elle son histoire.

— Pff ! Continuez vos aberrations, si un jour nous rentrons en France, je ferai en sorte qu'elle ne raconte jamais ces imbécillités.

Yolande sent bien que le ton monte mais elle ne veut pas se laisser faire. Aujourd'hui, le degré de menace et d'obéissance est monté d'un cran. Prise au piège, elle continue dans l'espoir de le raisonner. Yolande ne sait pas se fâcher mais ce soir, elle n'a pas envie de fléchir, pas cette fois-ci.

— Écoutez Guy, en Occident, le placenta est considéré comme un déchet, un déchet parfois rouge, parfois même gris. C'est un sujet qui fait grincer, vous avouerez que c'est un peu dommage. Heureusement, que certains laboratoires cosmétiques de Luxe les récupèrent !

— Cela ne m'intéresse pas.

— En latin, placenta signifie *gâteau.*

— Vous parlez latin maintenant ?

— Non pas du tout. Je l'ai lu dans mes livres de grossesse. Vous, vous parlez allemand, il me semble. Vous voulez que je vous le dise en allemand ?

— Arrêtez Yolande !

— *Mutterkuchen*, c'est encore plus explicite. Comme vous le savez, cela veut dire le gâteau de la mère. Je préfère les jolis symboles. C'est tout. Je suis ainsi.

— Ah ! Vos livres, vos livres, Yolande !

Guy hurle en levant les yeux et ses mains au ciel :

— Je sais mieux que vous ce qui est bon pour mon enfant, n'est-ce pas ?

— Votre enfant, c'est notre enfant !

Yolande ne cède pas comme d'habitude, peut-être parce qu'il s'agit de sa petite Lou, peut-être parce que désormais elle est maman. Son instinct semble étendre un manteau protecteur pour s'assurer que rien ne l'empêchera d'agir comme elle le souhaite. Elle sait très bien qu'elle est en train d'allumer sa colère. Après tout c'est aussi sa fille et elle ne se laissera pas faire.

— Attendez, je ne comprends pas pourquoi vous vous en prenez aussi à Fatou. Écoutez ce joli proverbe africain qu'elle nous transmet, annonce Yolande d'une voix tremblotante : *Là où le placenta est enterré, vous reviendrez.*

— Ça suffit ! Je ne veux plus vous entendre ! De toute façon, vous commencez toutes vos phrases par *je ne comprends pas*. Je ne parle pas avec quelqu'un qui ne comprend rien !

Guy butte avec son pied sur un morceau de saladier et glisse sur une rondelle d'ananas. Il se rattrape de justesse, furieux. Sa main droite se lève et le bruit d'une gifle rompt le silence des soirées africaines. Yolande cache son visage dans ses deux mains.

— Regardez ce que vous avez fait. Regardez les proportions que cela prend. Ce saladier, c'est vous qui l'avez acheté ? N'oubliez pas que vous ne ramenez aucun salaire.

Yolande ne répond pas. Elle a du mal à avaler sa salive tellement sa gorge est serrée. Elle sait très bien que si elle riposte, la situation va s'aggraver. Elle n'a pas la force d'entendre encore des paroles blessantes et humiliantes. Elle préfère baisser les yeux, une fois de plus.

— Avec votre ex-chéri, le Chef de Clinique et votre travail, vous aviez un mode de vie beaucoup plus luxueux que celui que je ne vous offre. Vous aviez de quoi jeter l'argent par les fenêtres, n'est-ce pas ? Ayez le courage de me le dire !

Yolande le fixe, les joues pleines de larmes. Guy ne supporte pas de la voir pleurnicher. Il la bouscule encore un peu plus fort. Heureusement, elle retombe sur la chaise.

— Mais vous pleurez encore ?

— Non, non, dit Yolande en s'essuyant rapidement le visage avec le dos de sa main. Vous pourriez être un peu plus gentil, je viens d'accoucher !

— Si vous n'êtes pas contente, vous n'avez qu'à aller le retrouver, votre blond aux yeux bleus, avec son portefeuille bien rempli.

Apparemment, il ne voulait plus de vous, puisqu'il vous a abandonnée sans donner de nouvelle. Vous avez été bien contente de me trouver à ce moment. Vous vous en souvenez, j'espère !

— Je n'ai aucune envie d'aller retrouver qui que ce soit. Vous êtes jaloux, jaloux de tout et possessif. Je n'ai jamais mis en avant ni sa carrière, ni son physique ni ses moyens matériels. C'est une histoire finie et je n'en parle jamais. C'est vous qui brodez en permanence.

Il ne m'a pas laissée comme vous dîtes, nous nous sommes séparés. Quant à ce saladier, c'est vous qui l'avez cassé… de rage.

— Mais bien sûr ! Vous ne vous rendez pas compte à quel point vous pouvez m'agacer.

— Vous arrivez à gâcher des moments de bonheur.

— Ça va être de ma faute, maintenant.

— Vous passez votre temps à jouer le passé contre le présent. À ce jeu, vous allez perdre car le passé, on en garde ce que l'on veut, il est presque idéalisé. Vous attendez que je réponde à votre intérêt excessif sur mon passé ? Vous aussi, vous avez vécu avant moi.

— Hmmm !

— Chaque histoire est différente. Vous vous faites du mal en réagissant ainsi et vous me faites mal. Le jour est mal choisi, il me semble !

C'est dans ce genre de discussion que Yolande cherche à se justifier. Au fond, elle n'a pas à le faire puisque ses arguments ne sont jamais entendus. Tout ce qu'elle a pu raconter sur sa vie s'est très vite retourné contre elle.

Lou commence à pleurer aussi. Les cris et les bris de vaisselle l'ont réveillée. Guy avale un grand verre d'eau et appelle le boy pour ramasser ce qu'il reste du dîner. Les émotions sont redescendues. Yolande sait que la colère est terminée, le calme est revenu. Elle est consciente qu'elle ne proteste pas assez, pire – c'est comme si elle annulait ce qui vient de se passer.

— Allez, Yolande, séchez vos larmes, vous savez que je déteste cela, dit-il en lui passant la main dans les cheveux. Je ne voulais pas vous faire pleurer. Vous savez, moi aussi, j'ai mes symboles.

Yolande le regarde d'un air étonné.

— Tout à l'heure, juste après la naissance de notre fille, j'ai demandé au boy de planter un oranger dans la cour. Cela vous plaît-il ?

— Je n'ai pas vraiment de préférence. Les orangers arrivent à pousser ici, avec la sécheresse ?

Yolande a du mal à parler, sa joue un peu boursouflée est en feu. Guy, lui, parle normalement. Seul un rictus faussement moqueur dessine une grimace sur son visage.

— Au début, nous devrons l'arroser tous les jours. Tant que le tronc n'aura pas atteint une certaine taille, il faudra veiller sur lui.

— À quel endroit voulez-vous le planter ?

— Près de la porte qui donne sur la cour intérieure. À cet endroit, il sera en plein soleil toute la journée. L'oranger symbolise la bonne fortune, le bonheur et la prospérité.

— Ce sera un beau souvenir pour Lou si elle revient un jour ici, pour découvrir la maison dans laquelle elle est née, bien que cela ne soit pas votre souhait. Finalement votre histoire se marie très bien avec le rituel du placenta.

— Arrêtez avec votre rituel et arrêtez de faire la tête, la petite doit être affamée. Allez la voir et sachez que j'ai besoin d'une femme souriante et non d'une pleurnicheuse.

Yolande se lève difficilement. Elle se regarde furtivement dans le miroir, elle se fait peur tellement elle est pâle. Elle passe la main sur sa joue qui est encore rouge. Guy grommelle quelque chose à voix basse. Elle disparaît aussitôt dans la chambre de sa fille pour éviter d'entendre le moindre mot. Les couleurs poudrées et pastels sont une invitation à une atmosphère douce et joyeuse, rien à voir avec la pièce d'à côté. Ça lui fait du bien, ça la détend.

Yolande se penche au-dessus du lit. Lou ne pleure plus. Elle a les paupières baissées, un peu gonflées. Son visage est apaisé. Quelques sanglots font encore tressaillir ses petites épaules. Yolande laisse la magie s'opérer. Elle reste silencieuse et savoure ces instants délicieux. Elle ne pense plus à cette dispute et contemple son bébé dormir. Elle s'émerveille de ses traits lisses et son air si calme. La girafe est là aussi avec son regard protecteur et bienveillant. Yolande sait désormais que ces moments de douceur et de partage effaceront la mauvaise humeur qui règne souvent dans cette maison. Elle se sent apaisée et comblée même si sa joue garde encore les traces de la dispute.

Lou a toujours les yeux fermés. Elle esquisse un premier sourire. Un seul coin de sa bouche remonte légèrement.

— Tu souris aux anges, mon bébé ? chuchote Yolande pour ne pas la réveiller.

Ce premier sourire a une saveur toute particulière. Yolande est émue et ses yeux brillent. Elle se demande ce à quoi Lou peut bien rêver. Est-elle aussi sur un nuage ? Un nuage de lait et de mamelons ?

Yolande la prend délicatement dans ses bras pour lui faire un gros câlin. Ses seins sont douloureux et énormes, c'est l'heure de la tétée. Lou sursaute, ouvre les yeux. Elle les referme aussitôt, aveuglée par la lumière de la lampe. Yolande lui caresse le front délicatement et se rapproche de la fenêtre.

— Regarde mon bébé, comme le ciel est beau. Regarde ton premier coucher de soleil.

Lou lève doucement ses paupières. La lumière est douce.

— Observe ta première œuvre d'art en mouvement, les couleurs vont vite changer.

C'est magnifique. C'est le seul moment où le soleil se laisse regarder. La lumière se chamaille avec la pénombre. Toutes les formes de la savane africaine de Maradi consentent de se profiler en ombres chinoises. Yolande sourit. Elle n'oubliera jamais ces images. Quel sacré pacte visuel qui magnifie tous les soirs le décor et en particulier ce soir. Comme chaque jour, c'est Madame la nuit qui va encore gagner. Les yeux dans les yeux et sans l'ombre d'un doute, elle sait que Lou comprend le langage de son cœur et de son regard.

4

Les jours passent paisiblement avec cette chaleur toujours aussi écrasante. Une fois réveillée pour les tétées, Yolande a du mal à retrouver le sommeil. Elle n'a aucun courage. Productive, est devenu un adjectif qui ne fait plus partie de son vocabulaire, il lui est impossible de s'affairer. Le soleil, les températures, les nuits si courtes et surtout les humeurs de Guy, lui confisquent toutes ses forces. Elle arrive à identifier la plupart des raisons de sa fatigue mais il y a autre chose, qu'elle ne saisit pas. À la fin de certaines soirées ou à des moments bien précis passés en compagnie de Guy, elle se sent comme vidée à la fois remplie de doutes, avec un moral qui dégringole. Yolande aime la vie, les petits comme les grands bonheurs, elle aime les couleurs, elle aime rire. Elle a de plus en plus l'impression que toute son énergie est aspirée. Elle s'est engluée dans cette vie en renonçant à tout, en voulant tout changer, sans évaluer les risques. À la moindre dispute, c'est toujours la même chose, elle culpabilise et Guy n'a jamais tort. Il lui dit en permanence qu'elle n'a pas bien fait, pas bien répondu, mal questionné. Si ce n'est pas de sa faute alors Yolande pense que c'est de la sienne, qu'elle est responsable. Elle endosse toujours ses colères parce qu'il sait la séduire à nouveau avec de belles paroles, des promesses.

Elle n'a qu'une envie, s'allonger avec une boisson bien glacée… caresser de temps à autre son visage avec le verre pour se rafraîchir, rester dans la direction du ventilateur, dans l'attente du moindre petit courant d'air. Fredonner des airs et contempler sa fille… toujours avec des yeux écarquillés d'admiration… et rien d'autre.

— Ah ! Madame la paresse… murmure-t-elle, vous êtes vraiment à la fois vice et vertu.

Jusque-là, Yolande a toujours été très active, mais depuis la naissance de Lou, elle veut se sentir en pleine réappropriation de son temps, de sa vie, de son corps. Elle a un homme dans sa vie certes, souvent absent et beaucoup de domestiques. Ça lui permet d'être libre, de prendre de la distance avec toutes les servitudes de la maison… C'est surtout qu'elle en invente un prétexte pour pouponner et sortir le moins possible de sa bulle de bonheur !

Yolande serre à nouveau Lou dans ses bras affectueux, une pensée lui traverse l'esprit. Elle se souvient brusquement que son père avait été abandonné. Cette image la rend fébrile et elle éprouve le besoin d'embrasser Lou une première fois dans le cou, puis une deuxième fois sur la joue. Elle la serre un peu plus fort. Chaque souvenir a une saveur et celui-ci est teinté de tristesse. Son cœur bat brusquement plus vite. L'émotion qui la remue agit comme une loupe sur un sujet lointain.

Son père avait grandi dans une famille adoptive qui était devenue la sienne. Cette famille avait su l'accueillir et lui avait tout donné. Il disait toujours :

— J'ai quatre parents, deux qui m'ont donné mon corps et deux autres qui m'ont transmis une éducation et apporté beaucoup d'amour. J'ai pu survivre !

Il avait été adopté, âgé de quelques semaines et quand ça fourmillait dans sa tête, il détestait qu'on considère sa vie comme quelque chose d'anormal. C'est vrai, il avait un passé et une histoire familiale différente des autres. Il avait bien trouvé sa place et ça c'était très important pour lui, une place sur ce chemin, dans cette famille.

Pendant de nombreuses années, il avait préféré rester discret et ne s'était pas autorisé à se confier. Son parcours n'était pas facile à imaginer, ça, Yolande l'avait deviné. Elle ne connaissait que des bribes de cette histoire, tout escamotée par la famille, enfouie sous les règles du tabou. Il y avait à l'époque, des secrets inévitables qu'on étouffait par obligation et les abandons en faisaient partie. C'était un véritable fléau pour les enfants conçus hors mariage, ou nés dans des familles nombreuses et pauvres.

Yolande savait que tout s'était déroulé dans un minuscule village de Lorraine. Son père avait été déposé en plein hiver, dans ce qu'on appelait à l'époque un tour d'abandon. Elle déteste ce nom, d'ailleurs. Dès qu'elle l'évoque, ça lui inspire inlassablement une légitime horreur. *Cette chose* permettait à la femme qui voulait abandonner son enfant, de le laisser dans l'anonymat et en sécurité. Il y avait un tonneau en bois encastré à la verticale dans le mur de l'église… ça s'ouvrait sur la rue, la mère plaçait le nourrisson emmailloté… ça pivotait vers l'intérieur du bâtiment… une petite cloche pendait au bout d'une corde pour avertir que la *boîte à bébé* était pleine… et hop ! Le nouveau-né était recueilli par une religieuse.

Son père lui avait raconté cette histoire il n'y a pas si longtemps. Il avait parlé à voix basse comme s'il confessait quelque chose d'inavouable. Yolande savait pertinemment que ce n'était pas par plaisir qu'il avait construit son secret, il ne voulait pas être différent. Personne n'avait pu se douter de sa blessure, de cette souffrance dissimulée toute une vie. Il l'avait symbolisée par des changements brutaux d'attitudes, des mimiques que Yolande remarquait régulièrement. Il souriait et brusquement son regard s'assombrissait. À d'autres moments, sa demande affective était incessante mais en même temps, il avait tant de mal à accepter les marques de tendresse. Déçu, frustré par sa confusion et l'incompréhension de certaines situations, alors, on le perdait plusieurs jours, réfugié dans un mutisme total. Yolande était habituée à ces yoyos fréquents. Elle n'avait pas peur, il n'était jamais méchant.

Elle avait compris que les raisons qui avaient poussé son père à ne rien dire étaient douloureuses, mais c'était important qu'elle sache… c'était son histoire aussi, après tout. Yolande était consciente, que ce traumatisme enfoui était doté du pouvoir de se transmettre, c'était inévitable. La rivière des secrets prend toujours naissance chez les parents et serpente malheureusement jusqu'aux enfants et ainsi de suite. Il valait mieux mettre ce drame au grand jour.

Yolande a du vague à l'âme et se demande pourquoi toutes ces sombres pensées resurgissent et viennent l'envahir. La naissance de son bout de chou a changé quelque chose en elle. Sa façon d'appréhender la vie a complètement basculé. Elle est désormais attachée à celle de Lou et ce nouveau lien la prend aux tripes. Ça chamboule tant de choses un enfant ! Tout prend des proportions plus grandes, plus profondes, plus sensibles. Elle sait très bien que désormais, son rythme de vie et sa vie de couple seront différents et ça lui fait un peu peur.

Sa famille lui manque, sa mère surtout, beaucoup plus que d'habitude. Sa mère est si loin, elle qui rêvait d'être grand-mère. Elle ressent comme le besoin d'un modèle, besoin d'être guidée. Elle aurait tellement voulu que sa mère tienne Lou dans ses bras, lui donnant un conseil par-ci, un conseil par-là. Et puis, d'un autre côté, elle se dit que les quatre mille kilomètres qui les séparent, ont au moins l'avantage d'éviter cette concurrence mère-fille qu'elle subissait chez ses parents, quand elle vivait à Paris. Guy n'est pas toujours commode et dans un petit coin de sa tête, elle sait qu'elle développera seule, s'il le faut, son propre univers maternel, une sorte d'énorme bulle protectrice d'amour. Elle est donc partagée entre l'envie d'être soutenue par sa famille et cet énorme désir de liberté exagérée.

Un domestique vient de lui apporter une lettre de Métropole. À chaque fois qu'elle reçoit du courrier, elle regarde toujours la date du cachet… *postée le 8 novembre 1957*. Elle a reconnu l'écriture calligraphique de sa mère. Une bouffée de nostalgie l'envahit, son cœur cogne dans sa poitrine comme si quelqu'un tambourinerait à une porte, ses mains sont moites. Yolande remarque plusieurs nouveaux timbres de collection, *George Sand*. Elle passe son doigt sur l'image comme si elle voulait dessiner le contour du visage. Le teint est pâle, le regard noir est profond et comme dans tous ses portraits, il se dégage une expression mystérieuse.

Sa mère aurait-elle voulu lui adresser un message subliminal faisant symbole libérateur ?

— *Yolande, prend exemple sur cette femme... Rappelle-toi, elle a toujours encouragé les femmes à être libres. Yolande, reprend le contrôle de ta vie financière et sexuelle.*

Yolande sourit, elle connaît bien sa mère et elle sait qu'elle est toujours prête à lui témoigner la moindre petite attention.

Elle déplie la liasse de pages et dévore les premières phrases. Sa mère lui donne des nouvelles fraîches et partage avec elle les évènements de toute la famille. Elle ne sait plus rien de ce qu'il se passe à Paris ni en France d'ailleurs. Elle est si loin. Tout le monde est impatient de les voir et de les recevoir à Paris. La question qui revient à chaque fois est de connaître la date de leur retour en métropole ? Une chaleur inonde son cœur et sa tête. Elle se sent comme enveloppée d'attention et d'amour. Son esprit s'évapore, elle s'arrête de lire.

De savoir que Guy ne dit rien à personne, rien à sa mère, sur son existence et encore moins sur Lou, ça la blesse. Yolande espère ne pas rester un éternel secret. Des secrets, il y en a assez dans sa famille.

Après maintes discussions houleuses à ce sujet, elle a compris que Guy est très attaché à sa mère et que celle-ci lui en demande plus qu'il n'est légitime. Parfois, Yolande s'amuse à l'imaginer, privée de ce voyage au Niger avec la rage au ventre... restée en France toute seule, dans son existence bien rangée et bourrée de principes. Elle aussi, a dû hériter des croyances des générations précédentes, pour que son fils n'ose pas lui avouer sa nouvelle vie sentimentale. Sûrement une psychorigide qui aime tout régenter, tout contrôler.

Pourvu que l'image qu'elle s'est inventée, soit fausse. Au retour, elle sera bien obligée de faire sa connaissance. Ce jour-là, même avec une boule à l'estomac, elle fera tout pour ne pas céder à la panique. Elle espère qu'elle ne lui donnera pas des directives pour Lou comme elle le fait avec son fils. Ce qui est sûr, c'est qu'elle ne poussera pas des cris de joie.

Pourquoi cacher une telle vérité, une compagne, un enfant? Quel mensonge a-t-il inventé pour se dispenser de partir avec elle, cette fois-ci. Est-ce la peur qui le fait agir ainsi? La peur de ne pas répondre aux exigences de cette mère. Yolande voit bien qu'il ne veut pas transgresser quoique ce soit. Lorsqu'elle insiste, ça lui retombe dessus. Parler rend le sujet à nouveau réel et ça le dérange. Partir sans sa mère, c'était sans doute, le seul moyen pour mettre une distance et vivre enfin sa vie d'homme. Est-ce leur itinéraire atypique qui les avait rendus inséparables, leur parcours traumatisant ou harmonieux? Yolande n'en apercevait que les symptômes. Quelle sorte de frustration Guy avait-il subi pour être ainsi? Sa rigidité avait dû se heurter quelque part, sur quelque chose, sur une blessure. Elle était consciente qu'en l'emmenant à Maradi, il avait voulu sauver ce qu'il lui restait de désirs, de souhaits, de rêves, tous ravalés depuis si longtemps. C'est pourtant l'ambition qui donne un sens à l'existence. Elle se souvient d'un soir romantique d'été, ils avaient couru pour s'abriter d'une pluie tiède. Il avait posé un bras sur son épaule et s'était confié. Yolande avait été touchée et à la fois émerveillée par son histoire. Il s'était passé quelque chose de fort, entre eux, cette nuit-là.

Son Bac obtenu avec la mention très bien, Guy profite de la migration antillaise de l'année 1948 pour partir à Paris. Il rassemble tout son courage pour quitter son père, sa famille et Madinina, son île. Le premier voyage qu'il réalise dans sa vie s'appelle un départ.

Sa mère profite de cet éloignement pour rompre avec un mari jaloux et rigide. La séparation de corps est prononcée. Pour elle, suivre son fils et quitter la Martinique signifient la liberté. Enfin ! Il n'y aura plus de devoir de cohabitation, plus de colère, plus de jalousie, elle dit adieu à toutes ces émotions négatives qui les empêchaient d'être heureux et d'avoir une vie sociale.

La traversée en bateau dure quinze jours. Ils débarquent à Marseille et prennent ensuite un train en direction de Paris. Ils n'ont plus d'énergie, ni l'un ni l'autre. Ils sont heureux d'être arrivés et à la fois un peu désemparés et tristes. Les yeux écarquillés, ils découvrent alors la capitale, au petit matin, recouverte d'un blanc manteau. Une vague de froid exceptionnelle envahit toute la France et malheureusement leurs valises ne contiennent pas de vêtements très chauds. Ils sont frigorifiés, ils ne sont pas habitués à ce climat. En février, à Fort-de-France, le soleil est si généreux que le thermomètre atteint au moins trente degrés. Un grand choc pour eux, ils aperçoivent des chasse-neige ! C'est aussi la première fois que ces engins font leur apparition pour déblayer les rues. La ville est anormalement calme et habitée par une sorte de lenteur. Guy se souvient d'avoir lu que la neige absorbe et disperse les ondes sonores – c'est tout à fait vrai. Il n'en revient pas. Il n'a jamais vu de neige. Les toits, les lampadaires et les voitures enneigées l'émerveillent, en même temps qu'un frisson lui parcourt le corps. Il regarde le ciel et se focalise sur la forme des cristaux. Certains atterrissent sur son visage pendant que d'autres recouvrent les épaules de son pardessus. C'est froid mais magique. Il devine dans chaque flocon un dessin, une forme ou une histoire. Rien à voir avec l'idée qu'il s'en était faite, en touchant le givre de son Frigidaire.

L'évolution du contexte économique pousse beaucoup d'Antillais à venir en Métropole. Guy n'a fait que suivre ce mouvement mais rapidement, il envisage de partir en Afrique. Sa mère le suit désormais partout.

Il garde malgré tout, quelques liens, avec ses cousins et cousines qui lui demandent sans cesse :

— *Quand rentres-tu au pays ?*

— *Quand comptes-tu revenir chez nous ? Tu nous manques. Combien de temps restes-tu ?*

À Paris, certains oncles et tantes ont déjà immigré. Ils sont tous partis avec l'idée de revenir. Puis le travail, la vie amoureuse, les enfants, les amis ont dessiné un autre chemin. C'est le destin qui a choisi pour eux et ils passent désormais leur vie à rêver rentrer un jour en Martinique. Guy n'a qu'un souhait, s'évader encore plus loin. Sa petite voix intérieure lui souffle en permanence qu'il n'a pas envie de retourner sur son île, pas pour l'instant. Est-ce une manière inconsciente de renier ses origines ? Il ne veut peut-être plus revoir son père ? Pourtant, c'est cela qui a séduit Yolande, ce parfum de Caraïbes. Elle regrette tant que Guy ne parle pas créole et refuse systématiquement de lui faire découvrir sa ville natale. Elle adore cette langue qu'elle trouve mélodieuse et pittoresque mais elle n'a jamais osé lui dire. Pour Guy, dans sa famille, parler créole était défendu. Son père qui écrivait des poèmes, lui répétait sans cesse :

— *Si vous parlez créole, cela vous empêchera de maîtriser la langue française. Comprenez bien, mon fils, le français sera pour vous, la langue de l'élévation sociale.*

Yolande ne comprenait pas comment on pouvait faire disparaître une langue et surtout que cette langue soit un frein à la réussite.

Guy a toujours voyagé en compagnie de sa mère, une mère qui pensait que contrôle est synonyme de sécurité, de quelque chose d'immanent, quelque chose qui ne change pas. Elle pensait sûrement bien faire, en le surveillant d'une manière souterraine. C'était sa façon propre à elle de montrer à son fils qu'elle l'aimait… une sorte de permission au bonheur. Yolande l'imagine très bien prononcer ce genre de phrase : *Mon fils, tout ce que je veux pour toi, c'est ton bonheur et c'est pour cela que je fais tout pour que tu évites de te tromper…*

Sa mère projette pour lui le meilleur, dans tous les recoins de sa vie. Guy répète souvent d'ailleurs qu'elle ne supporte pas la médiocrité. Depuis sa rupture avec son époux, son fils unique, *son enfant Roi*, est devenu sa seule raison de vivre. Elle était prête à sacrifier sa vie de femme pour suivre Guy dans ses déplacements et différents postes en Afrique. Facile pour lui de s'approprier une place qui n'était pas la sienne.

Yolande ne sait pas quoi penser de cette situation. Lors de leur rencontre, il dénigrait systématiquement les relations hors mariage, personne ne tolérait cela dans sa famille. C'est sans doute la raison pour laquelle il n'assume pas. Concubinage et illégitimité sont des mots qu'il déteste. Il en a honte ou peur. Yolande ne saisit pas ses attitudes. Elle, au contraire, a fait jaillir son bonheur et l'a partagé avec sa famille et ses amis.

Un jour, Yolande sera face à sa belle-mère, face à leur clan :

— *Maman, je te présente ma petite famille, mon épouse Yolande et notre fille Lou.*

Entre-temps, Lou aura peut-être déjà deux ans, trois ans ou voire plus et Guy, marié en cachette. De quoi avoir un coup au cœur, de quoi s'évanouir. Une fois réanimée, elle replongerait vite dans la réalité et s'empresserait d'entamer la plus fâcheuse des discussions. Elle saurait traduire toute son insatisfaction accumulée par la pire des colères.

Dans ses lettres, sa mère pose beaucoup de questions, des *pourquoi ci, pourquoi cela* et des *je ne comprends pas*. Guy reste toujours évasif. Il sait que tous les espoirs sont basés sur lui. Il s'est fixé un niveau d'exigence si haut, qu'il ignore lui-même à quelle hauteur il pourrait s'octroyer un lâcher-prise. Yolande vit dans la crainte de recevoir un matin un télégramme :

Mon Cher fils, voyage annoncé – stop – peu de nouvelles – silence anormal – stop — je m'inquiète – stop – j'arrive par le vol numéro… du…

Yolande frissonne. Elle devine que cette mère est une femme puissante capable de donner un amour inconditionnel toute sa vie. Elle voit bien que Guy attend la même chose. Il veut être couvert en permanence du même regard émerveillé. Lorsqu'ils se sont rencontrés, malgré les avertissements de sa famille, Yolande restait sur son petit nuage. C'était un coup sur la tête qui changeait les couleurs, les formes, les parfums. Guy était la pièce manquante tant attendue du puzzle du bonheur. Comme envoûtée, elle a suivi son amoureux en Afrique et a fermé les yeux pour avoir le courage de quitter tout le monde.

Mais aujourd'hui, elle voit un Guy souvent amer, frustré car elle ne peut pas lui donner ce qu'il cherche, c'est-à-dire une femme qui pourrait prendre le relais de sa mère.

Yolande s'étire, se frotte le front et passe la main dans ses cheveux pour chasser ses pensées troublantes. Elle lève la tête en direction du ventilateur comme si, il pouvait avoir la magie de lui rafraîchir les idées. Elle pousse un grand soupir. Lou sursaute. Elle continue sa lecture.

En France, la météo est particulièrement mouvementée. Rien à voir avec celle du Niger. À Maradi on étouffe et là-bas ça souffle… Yolande n'a pas le souvenir d'avoir vécu des tempêtes si violentes. Les pluies torrentielles ne cessent de s'abattre. Elle a quand même du mal à imaginer ce qu'elle lit – La Côte d'Azur touchée par des vagues gigantesques, c'est presque incroyable !

En prenant connaissance de tous ces détails, une idée lui traverse la tête : un battement de tam-tam peut-il déclencher une tempête en France ? Yolande se remémore le proverbe, avec un petit sourire au coin de la bouche… *des petites causes peuvent avoir de grands effets…* Elle gardera cela pour elle. Guy hausserait sûrement les épaules et lui dirait :

— *Qu'est-ce que vous allez encore inventer là !*

Cette lettre lui a fait du bien. Une fois pliée et glissée dans son enveloppe, elle la rajoute à une pile de courriers attachés par un joli ruban rouge… c'est son anti-déprime. Elle sait qu'elle les relira dès que l'ennui sera insupportable. Certains matins, dès son réveil, même si la terrasse est inondée de soleil et que le paysage est toujours aussi magnifique, elle regarde autour d'elle et s'aperçoit que son monde s'est éloigné. Angoisse, solitude et tristesse s'emparent souvent d'elle mais elle se ressaisit, elle sait que dans quelque temps, ils seront de retour en France. Cette attente qu'elle perçoit interminable sera-t-elle d'un an, deux ans, trois ans ? Elle ne le sait pas. Comment vivrait-elle à Paris avec Lou, que ferait-elle en ce moment, près de sa famille, près de ses amis ? Elle aime rêvasser, elle aime se projeter dans le futur, c'est sûrement un prétexte pour imaginer le présent autrement et le supporter.

Ce matin-là, sa mère lui a réchauffé le cœur. Elles étaient tout proches, le temps de quelques lignes, de quelques pages. C'est parce qu'elle répète souvent être passée à côté du meilleur de sa vie de femme, qu'elle est très attentive à Yolande, à son bien-être. Sa mère n'a jamais travaillé, elle a souvent été très seule avec un mari toujours en déplacement. Elle vit envahie par la désagréable sensation d'être délaissée et par la peur d'être abandonnée. Son mari n'a qu'une priorité, sa carrière et son évolution. Ses rendez-vous importants et la signature de ses plus gros contrats débordent de plus en plus sur sa vie personnelle. C'est sûrement une manière de répondre à une image, d'enfouir un passé lourd. Il évite ainsi toute tentative d'introspection et de tourner en rond, accompagné d'émotions négatives. Pourtant, un jour, la retraite sera là.

Yolande choisira un moment tranquille pour écrire à son tour. Elle papotera, ponctuera chaque phrase de détails, racontera les anecdotes avec les domestiques. Elle décrira tout ce qu'elle vit avec sa fille, tous les moments de pure complicité. « Mamie » pourra ainsi tisser au fil des nouvelles une relation privilégiée avec sa petite fille, *son bébé d'amour sans nuage*, comme elle l'écrit régulièrement. Elle se confiera aussi sur tout ce qu'elle ne peut pas partager avec Guy. Peut-être osera-t-elle en cachette, avouer sur le papier ce qu'elle subit. Yolande a déjà été tentée de tout dire mais elle ne voulait pas inquiéter sa famille. C'est une étape qu'elle n'a jamais réussi à franchir : dire du mal du père de sa fille. Elle le protège en mettant en avant ses grandes qualités. Elle choisit de conserver cette image du couple parfait en minimisant les faits. Jusqu'à présent elle n'a pas eu le courage de briser le silence, ni de nommer et dénoncer ce qu'elle vit.

Yolande se lève, respire à fond pour écarter d'un coup d'éponge magique le gris de la tristesse. Elle préfère souligner les couleurs que la vie lui offre.

Dans son nouveau rôle de mère, Yolande retrouve à nouveau la sensation d'être sur son petit nuage. Accoucher chez soi, c'est finalement magique ! Elle n'a pas à vivre ce fameux retour à la maison qui fait tant couler d'encre dans les magazines et les livres. Pas de désarroi, pas de bouleversement. Il ne lui reste plus qu'à tout apprendre pour sa fille, comment la nourrir, pour l'instant c'est facile, elle n'a pas envisagé autre chose que l'allaitement… comment la tenir dans ses bras pour qu'elle soit à l'aise… comment lui faire la toilette… comment la masser… Le plus compliqué pour elle, est de comprendre ses pleurs. Guy l'aide un peu quand il ne travaille pas mais il n'a pas de patience. Alors elle passe des journées entières à ruminer et à se poser des milliers de questions.

Un effroyable isolement vient la piquer régulièrement, ceux qu'elle aime lui manquent tant.

Les grimaces de Lou, ses cris, ses mimiques, Yolande n'arrive pas toujours à les décrypter. Elle n'imaginait pas que ce répertoire-là était aussi vaste. Elle se sent sereine lorsqu'elle dort paisiblement ou qu'elle gazouille en ayant l'air d'observer tout ce qui passe autour d'elle. L'heure du bain reste un pur moment de plaisir et de partage. Même si les pleurs sont l'unique moyen de communication, ne pas les décrypter, ça la perturbe et ça la panique terriblement. Entendre Guy râler, lui fait perdre tous ses moyens parce qu'elle n'est pas sûre d'elle. Il a le don de lui provoquer un tel malaise dans le ventre qu'elle en a parfois le souffle court. Elle doit comprendre les besoins de son bébé, en même temps que lui, et apprendre à reconnaître les signaux qu'il lui adresse : émotions, désirs ou douleurs. Yolande la berce dans ses bras, lui chuchote des petits mots ou des comptines et le calme revient. Elle sent comme un attachement au fond de ses tripes, une connexion qui s'intensifie. Dame nature fait bien les choses et ce pouvoir de la consoler, lui donne l'impression d'être un havre de sécurité, une source de réconfort que rien ni personne ne pourra briser.

Maintenant, elle est responsable de ce petit être qui ne dépend que d'elle et qui a métamorphosé sa façon de voir les choses. Yolande vacille entre la peur de ne pas être à la hauteur et de se sentir capable de tout.

Un matin, Yolande n'arrive pas à calmer Lou. Elle fait les cent pas de long en large dans le salon, sa petite dans les bras, elle lui tapote doucement le dos. Elle est totalement désemparée.

— Qu'est-ce qui ne va pas, bébé. De quoi as-tu besoin ? Je ne comprends pas ce que tu veux. Allez, calme-toi, tu vas réveiller tout le monde.

Dodo, l'enfant do
Dodo, petite Lou
La, la, lala, la,
Tu vas dormir bien vite
Dodo l'enfant do
Tu dormiras…

Le couplet à peine achevé, Lou reprend de plus belle. Ses cris semblent plus aigus que d'habitude. Oui c'est son langage à part entière mais là ce n'est plus possible. Guy se lève à son tour, agacé. Il se demande ce qui se passe. Yolande est à bout. Entendre crier sans cesse, ça lui met les nerfs à vif.

— À l'aide, à l'aide, hurle toute sa tête, tout son être fatigué.

Yolande a tout essayé mais rien n'y fait.

Après l'accouchement, Yolande était ravie d'avoir un bébé qui ne pleurait pas, un bébé qui était comblé… elle s'était habituée au calme puis tout a changé brusquement. Lou n'a pas pris un gramme depuis deux ou trois jours. Les premiers temps, l'allaitement était excellent et Lou ne tétait qu'en quelques minutes pour tomber ensuite dans un sommeil lacté. Depuis que les crises de pleurs ont commencé, elle tétouille et n'obtient pas beaucoup de lait. Ça l'agace, elle devient rouge de colère, elle se cambre en arrière pour le faire savoir. Yolande sait que pour être rassasiée, Lou devrait passer beaucoup plus de temps au sein, mais elle pleure trop.

Yolande elle aussi se met à pleurer, après tout, les bébés ne sont pas les seuls à pleurer.

— Guy, je n'en peux plus.

— Je vois bien, vous pleurez toutes les deux maintenant ?

— Je ne dors presque plus, je suis épuisée.

— Le manque de sommeil vous rend plus irritable, vous me forcez à le constater.

— Je vous trouve un peu égoïste. La plupart du temps vous êtes à l'extérieur, au bureau. Vous pouvez dormir puisque je me lève dès qu'elle pleure.

— J'ai besoin de faire des nuits complètes, je travaille, moi.

— C'est un reproche ? Vous ne voulez pas que je travaille.

— En effet, c'est hors de question ! Dans ma famille les femmes restent à la maison.

— Guy, si elle pleure de cette manière c'est qu'elle veut nous faire comprendre quelque chose.

— Elle a tété ?

— Très peu et j'ai changé son lange.

Je m'inquiète vraiment. Je n'arrive plus à la calmer. On ne peut pas rester comme cela.

— Tous les bébés pleurent. Rassurez-vous, ça va passer, même si je trouve que ces deux derniers jours ça dépasse les bornes.

— Si demain matin elle pleure encore de cette façon, vous devrez appeler le médecin.

— Je pense qu'elle va finir par se calmer.

— Je ne reste pas comme cela à me poser des tas de questions angoissantes. Nous sommes en Afrique et appeler un docteur en urgence, ici c'est compliqué.

— N'oubliez pas que demain j'ai des rendez-vous importants. Je ne peux pas les annuler.

— Vous travaillez et moi je suis inquiète, toute seule à la maison à vous attendre.

— Vous savez ce que je pense des médecins.

— Là, il ne s'agit pas de vous, c'est de notre fille dont il est question.

— Reparlons-en demain.

— Toujours demain, toujours demain, susurre Yolande.

— Comment ? Qu'avez-vous dit ?

— Non rien ! Rien d'important. Attendons demain puisque je n'ai pas le choix.

Yolande est déçue, elle se sent désarmée, impuissante. Elle doit encore attendre une journée, toujours attendre. Guy déteste les médecins, c'est vrai. Pour lui, ils sont tous détenteurs du pouvoir absolu de soigner et de guérir. Il se méfie et perçoit cela comme une incarnation de son père qui terrifiait tout le monde, avec son autorité suprême. Il veut donc à tout prix conserver son pouvoir de décision. Une petite guéguerre incessante où l'on ne sait pas dans quel camp se trouve la balle. En tout cas, il passe son temps à dénigrer ceux qui détiennent le savoir médical.

Elle en est là, devoir patienter, toujours obéir aux ordres. Aujourd'hui, elle ne cherche plus à comprendre, elle ne pense plus, elle est fatiguée. Il a le don de mettre sa bulle de bonheur entre parenthèses. À chaque fois, il est imprévisible et elle est bien triste de constater qu'il fait de lui-même une priorité alors que la santé de la petite est une évidence. À cet instant, elle a envie de partir mais elle n'est pas du tout autonome à Maradi. Sans aucune activité, sans argent, sans aucune connaissance du pays, sans amis, sans permis, elle se sent prise au piège comme jamais. Guy a des journées professionnelles bien remplies, du matin jusqu'au soir et pour elle, cette solitude interminable et usante, l'empêche de lui tenir tête… elle tire le rideau du déni, une manière de transformer la réalité et de la rendre moins douloureuse.

Fatou rend visite à Yolande plusieurs fois dans la semaine. Elle a pris cette habitude pour la réconforter et lui donner des conseils.

— Ce sont peut-être des petites coliques passagères, tous les bébés en font.

— Si Lou ne se calme pas, je demanderai à son père d'appeler un docteur.

Fatou secoue la tête en approuvant et chuchote :
— Oui M'dame, c'est mieux pour la petite.

Mais qu'est-ce qu'ils ont tous avec *tous les bébés*, Yolande s'en fiche, ce qui la perturbe c'est son bébé !

Lou se calme, elle a juste quelques petits sanglots qui la secouent doucement à intervalles réguliers. Guy est retourné dans la chambre finir sa nuit en marmonnant des mots inaudibles. Enfin quelques minutes de quiétude. Elle feuillette à nouveau le livre que sa mère lui a envoyé de France : *J'attends un enfant*. Une vraie bible sur la grossesse. Elle l'a lu, posé, relu, reposé. Elle y est revenue. Une page en avant, deux pages en arrière, elle a glissé des marque-pages, corné des coins de feuille et rajouté des notes. Elle cherche ce passage qui parle du système digestif immature du bébé, la plupart du temps à l'origine des pleurs. Elle se souvient que le type d'alimentation de la mère y est aussi pour quelque chose. Mange-t-elle quelque chose qui ne passe pas pour Lou ? Elle reconnaît que la gourmandise est sa copine et qu'elle craque souvent pour des sucreries et des *Dounguouri soko*, cette spécialité nigérienne qu'elle adore. Il est possible que les haricots blancs soient les principaux responsables.

Yolande se remet en question en permanence. Tout ceci est pour elle comme un véritable plongeon dans l'inconnu et quel plongeon ! Elle referme le livre et dépose Lou dans son berceau, le jour est en train de se lever. Elle quitte la chambre lentement sur la pointe des pieds, referme la porte et v'là que les pleurs reprennent de plus belle. Elle trouve que les cris deviennent plus stridents. Lou est rouge de colère et Yolande constate deux petits cernes qu'elle n'avait jamais remarqués. Sans doute à force de pleurer. Lou a la peau tellement fine et transparente sous les yeux que les petits vaisseaux ombrent le contour de son œil.

Yolande entre dans leur chambre pour réveiller Guy mais il a déjà les yeux grands ouverts. Il a compris que sa nuit est terminée et qu'il va falloir agir, sinon il risque d'avoir la mère et la fille en pleurs. Il a son air des mauvais jours mais elle n'y prête à peine attention, le plus important c'est la santé de Lou. De mauvaise humeur, il s'habille rapidement avec des gestes nerveux. La porte d'entrée claque violemment. Yolande berce Lou. Elle attend. L'inquiétude l'envahit. Une bourrasque de suppositions balaye tout dans son cerveau. Elle passe en revue tout ce qu'elle a fait ou tout ce qu'elle n'a pas fait. Elle s'accroche à l'idée que le médecin fera son diagnostic et saura la rassurer, la conseiller.

— Ça va aller, ça va aller, bébé. Bientôt papa va revenir avec le Docteur et il va te soigner.

Elle fredonne à voix basse la comptine africaine et toutes les deux finissent par s'assoupir dans le sofa.

Des voix la réveillent. Yolande fait un bond. Elle ne sait pas combien de temps elle a dormi. Guy apparaît dans la pièce, suivi du médecin qui a dû écourter sa nuit et partir précipitamment. Il la salue brièvement. Elle remarque son col de chemise relevé d'un côté, son pantalon froissé et le stéthoscope flambant neuf qui semble vouloir s'échapper de sa mallette en cuir. Elle sent un sourire se dessiner sur ses lèvres.

Elle déshabille Lou qui n'hésite pas à manifester encore son désaccord avec des cris aigus. Elle la dépose dans son berceau. Le docteur fronce les sourcils et fait une sorte de grimace qui ne rassure pas Yolande. Elle se demande comment il va faire pour l'ausculter malgré les pleurs et sa résistance. Lou ne cesse de se débattre, d'agiter ses jambes, ses bras avec ses petits poings fermés.

Yolande recule un peu pour se mettre à côté de Guy. Il n'arrête pas de bâiller. Elle se colle contre son épaule. Elle aimerait tellement qu'il passe son bras autour du cou pour la rassurer. Ils observent avec beaucoup d'attention tous les gestes du Docteur. Impatiente de savoir, Yolande a une folle envie de poser des questions. Guy ne dit rien et son manque de confiance se traduit par un regard suspicieux. Yolande préfère se taire aussi.

Le docteur se tourne vers Yolande.

— Vous pouvez la rhabiller… Vous avez bien fait de m'appeler !

— Ah !…

— Votre petite souffre d'un début de déshydratation. Elle fait aussi des petites coliques. Vous lui donnez à boire ?

— Oui du lait.

— Non, je veux dire, de l'eau, des biberons d'eau.

— Elle a du mal à téter le lait au sein. Avec les pleurs, je n'y ai pas pensé. Je suis restée focalisée sur les tétées puisqu'elle ne prenait plus de poids. Cela m'affolait tellement.

— Vous êtes en Afrique et il faut lui donner de l'eau sans attendre qu'elle réclame.

— Oui Docteur, répond Yolande gênée.

— Donnez-lui des biberons d'eau. Il faut la faire boire pour qu'elle se réhydrate et compense tout ce qu'elle perd en transpirant.

Vous voyez, elle avait déjà certains symptômes. Regardez ses cernes et sa fontanelle légèrement enfoncée. Avec beaucoup d'eau au début, en quelques jours ça sera réglé.

— Je vais être plus vigilante.

— D'ailleurs, donnez-lui tout de suite un biberon d'eau. Vous allez voir comment elle va téter.

— Oui Docteur, vous avez raison.

— Elle fait aussi des coliques, ça fait mal mais ce n'est pas grave du tout.

— Qu'est-ce que je dois faire ?

— Massez lentement et doucement son ventre ballonné. Si vous en avez une, vous pouvez lui poser une bouillotte chaude sur le ventre.

— C'est tout ?

— Oui. Les coliques vont se calmer rapidement.

— Tant mieux. Ça me fait souffrir de la voir se tortiller ainsi et de l'entendre pleurer en permanence.

— C'est normal, vous êtes une jeune maman. La prochaine fois, venez me chercher plus vite, je ne suis pas très loin et j'habite au-dessus de mon cabinet. Ce sont des crises angoissantes pour vous mais elles ne sont pas graves. Ça vous évitera de vous inquiéter ainsi.

— …

Yolande confuse, baisse les yeux.

— J'oubliais, encore une chose. Comme vous allaitez, il est préférable d'éviter tous les légumes pourvoyeurs de gaz. Vous verrez, ses intestins iront mieux.

— Merci Docteur.

Yolande est rassurée. Guy la fixe du regard. Il lui confirme à voix basse qu'il n'y avait au final, aucune raison de paniquer. Le médecin leur a expliqué que les coliques ne sont pas forcément synonymes de douleur mais surtout d'inconfort. Pour la déshydratation, elle aurait dû faire attention et Guy aurait pu la sensibiliser, depuis le temps qu'il travaille et vit dans des pays chauds. Elle se demande si elle arrivera un jour, à décoder toutes les informations de son bébé pour devenir une bonne mère. Elle se sent un peu bête de ne pas avoir pensé à l'eau, c'est tellement naturel. L'espace d'un instant, Yolande s'imagine à Paris, aux côtés de sa mère. Tout aurait été différent et elle aurait été moins soucieuse et moins seule. L'Afrique est devenue pour elle un terrain dangereux car Maradi est un désert médical. Il y a très peu de médecins et les spécialistes exercent uniquement à Niamey. Elle n'y avait pas du tout pensé avant d'accoucher. Ici, l'espérance de vie évolue doucement mais les Africains meurent encore de maladies bénignes, des maladies, qui en France, ne tuent plus depuis longtemps. Tout cela lui fait froid dans le dos.

Lou s'est endormie dans ses bras. Le biberon d'eau que le médecin lui a donné et les massages du ventre ont dû la sonner. Yolande lâche prise. Elle pleure en silence. Elle se sent seule. En suivant Guy, elle n'avait pas imaginé la vie de cette manière-là. Retourner en France avec le choc culturel inversé. Ça serait certainement compliqué mais elle saurait s'adapter. Même si le tunnel du retour met du temps à s'éclairer, elle aura la force d'attendre. Elle est persuadée que tout serait plus facile pour Lou et pour elle aussi.

En attendant, elle va apprendre toutes les nouvelles manières d'aider sa petite Lou et de comprendre ses pleurs. Elle n'aime pas quand Guy considère les pleurs comme une attaque contre lui. Yolande fera tout pour que son bébé se sente en sécurité.

DEUXIÈME PARTIE

5

Quarante ans plus tard, Lou, en France, à Paris… un 25 octobre, au petit matin.

Lou se réveille, elle a soif. Il fait une chaleur étouffante dans cette chambre. Elle est assoiffée et sa bouteille d'eau est vide. Elle est complètement déshydratée. Elle sort un pied de dessous le drap, un bras puis l'autre. Elle fait une petite grimace. Les draps sont d'une blancheur immaculée mais si rêches ! Elle est loin du confort des hôtels dans lesquels elle a l'habitude de séjourner. Elle n'est pas dans un cinq-étoiles, cette fois-ci elle est à l'hôpital.

Celle avec qui Lou partageait sa chambre est partie dans un autre service, hier après-midi. La pauvre, elle était scotchée dans son lit. Elle était arrivée bien amochée, Lou en avait été troublée. La tête bandée, un œil au beurre noir et sa jambe droite plâtrée, tout cela suite à une agression en rentrant chez elle très tard. Elle avait été très réservée sur les détails. Lou la poussait un peu à s'exprimer.

— Tu peux essayer de me parler.

— Tu sais c'est difficile ! Je ne suis pas sûre que tu comprennes. Je ne me rappelle pas de tout d'ailleurs et puis je n'ai pas trop envie, je suis fatiguée et j'ai mal.

— Parler permet de débloquer et surtout d'évacuer, ça fait du bien. Ils ont dû te proposer un soutien psychologique ?

— …

Dans ces moments, Lou lui prenait la main pour l'aider. Même si elle n'arrivait pas à s'exprimer avec des mots, ce qu'elle ressentait se manifestait physiquement sur son visage et son corps. Le traumatisme était encore trop récent et à chaque tentative de confidence, l'exercice était trop douloureux, ses yeux embués et sa gorge nouée l'empêchaient instantanément d'émettre le moindre son.

Au début, Lou avait été contrariée de partager sa chambre. Puis au fil des jours, elles avaient fait connaissance et une sympathie s'était créée. Elle s'appelait Lise, un prénom qui commençait aussi par L. Elles en avaient plaisanté et ce premier échange avait fait naître une certaine intimité entre elles deux. Elles s'étaient tutoyées naturellement. Lou reconnaissait qu'à deux, le temps passait beaucoup plus vite. L'atmosphère était presque joyeuse malgré la situation de Lise qui ne s'y prêtait pas. Lou, elle, pouvait se lever. Une mauvaise chute en descendant du bus l'avait menée tout droit aux urgences. Pour sa perte de connaissance les médecins avaient préféré la garder en observation quelques jours et lui faire une série d'examens. Elle n'avait pas à se plaindre, dans quelques jours elle sortirait en pleine forme. Elle aime repenser à leurs rigolades et sait au fond d'elle-même que les bons souvenirs endorment toujours les mauvais.

Lou passe des heures entières devant la baie vitrée, à épier et décrire à Lise tout ce qu'elle voit. Le soir, le spectacle change. La lumière électrique permet de mieux distinguer ce qu'il se passe dans les appartements. Des hommes, des femmes et des enfants s'agitent dans leurs occupations diverses. Les animaux domestiques sont bien sûr présents dans ses récits. Derrière certaines fenêtres, ça grouille dans tous les sens, probablement des fins de soirée en prévision du lendemain. Chez d'autres, rien ne bouge, uniquement les images de la télévision. C'est tellement agréable d'observer les autres quand ils ignorent qu'on les regarde. Lou rapporte le moindre détail, sa camarade de chambre adore cela. Lise ferme les yeux pour imaginer la scène encore mieux. Elle peut librement y rajouter une touche de couleur, un détail qui pourrait manquer à son goût. Parfois, elles ont un fou rire, parce que Lou raconte des bêtises, exagère ou mime certaines scènes. Quand elles entendent des pas dans le couloir et que l'infirmière entre subitement dans la chambre, elles font des efforts surhumains pour se retenir de glousser et faire comme si de rien n'était. Lou parvient à rester stoïque face à la vitre, le regard fixe tandis que Lise continue à pouffer sous son drap. L'infirmière s'approche, leur demande si tout va bien puis repart avec une moue, plus ou moins satisfaite de la réponse. Souvent elle bouillonne d'agacement de s'être déplacée pour rien. Et quelques minutes après, ça reprend de plus belle. Lou aime tellement rire et faire rire !

Lise lui répète sans cesse :

— Qu'est-ce que tu décris bien les choses, on s'y croirait, tu dois inventer ce n'est pas possible !

— Non, je dis ce que je vois, je grossis parfois le trait mais j'ai un regard bien affûté. En même temps t'as vu le nombre de fenêtres en face ? Il y a de la matière.

— Tu as le talent d'une commentatrice. Bravo Mademoiselle Lou !

— Que ne faut-il pas faire pour que tu retrouves le sourire !

— Merci, tu as réussi et ça me fait oublier mon désespoir.

— Cela ne me demande pas un gros effort. Ce n'est pas difficile, comme je te l'ai dit, je te raconte uniquement ce que je vois, c'est tout… et puis, j'aime ça.

— Ah non, j'insiste, tu as une façon de brosser le décor, tu fais des gestes, des mimiques, on s'y croirait. Moi qui suis coincée dans ce lit, une jambe dans le plâtre, je t'assure que je ne ressens même pas l'envie de me lever. En plus, je suis sûre que je ne verrais pas la même chose que toi.

— Merci, c'est gentil. Mais tu sais, je peins aussi et le dessin bouleverse la façon d'observer et de retranscrire une scène.

— Quand tu parles, j'imagine, je ressens une ambiance, je rêve. C'est une gymnastique agréable, nouvelle pour moi, parce que je ne peux pas faire autrement. Je n'ai jamais éprouvé le besoin de faire cela mais j'adore.

— Tant mieux, ça me fait plaisir de te faire plaisir. La vie est une sacrée traversée et dans des évènements négatifs, rends-toi compte qu'il y a toujours quelque chose de bénéfique. C'est l'équilibre qui est difficile à trouver.

— Tu n'écris pas, par hasard ? Si tu ne le fais pas, tu devrais.

— Si…

— Ah ! Tu vois, j'en étais sûre. Je l'ai deviné toute seule.

— J'essaye d'écrire une biographie romancée depuis deux ans, mais je n'y arrive pas ou plus exactement je n'ose pas.

— C'est super !

— Mon job ne me laisse pas beaucoup de temps. J'ai le trac ou de la pudeur, je ne sais pas trop. Ce qui est sûr, c'est que ça coince. Honnêtement, il ne m'en faut pas beaucoup pour laisser à chaque fois ces pages de côté. Pourtant, d'habitude je ne procrastine jamais.

— C'est surtout que tu as un blocage et que tu te sens peut-être dépassée par l'ampleur du travail. Change de méthode. Tu devrais faire comme tu fais en ce moment, regarder les gens et mettre tout sur une feuille blanche, c'est passionnant. Il y a plein de jeunes écrivains qui suivent cette technique pour éviter la page blanche.

— Tu crois ? À chaque fois je perds mon élan.

— Oui tu dois lâcher prise, ça sera plus reposant. En même temps, ça fera travailler ton esprit à cent à l'heure sans que tu t'en aperçoives. Une simple chose peut te connecter avec ton blocage et tu verras tout se débloquera.

— J'essaierai.

— Garde à l'esprit également les motivations personnelles qui t'ont poussée vers ce projet et ce qui est véritablement en jeu.

— Ah ! Lise ? Tu es un vrai moteur. Je me sens motivée. Vite infirmière, du papier, un crayon… Si je sors un jour mon livre, je t'inviterai pour la dédicace.

— J'espère bien et je serai là. Mais dis-moi, tu as tant de choses à raconter sur toi ?

— Ma mère est partie lorsque j'avais dix ans. Je sais qu'elle a énormément souffert de sa relation avec mon père. Elle était dans une sorte de prison psychologique et elle a réussi à s'en évader. Mes proches connaissent l'histoire mais j'avais envie de laisser une trace écrite dans un roman.

— Tu as raison, en plus, écrire c'est un acte libérateur. Raconte un peu.

— Dis donc, toi qui ne veux rien dire tu me demandes de parler ?

— Cela n'a rien à voir. Ce n'est pas pareil.

— Elle a fui comme ça, un jour, en laissant pratiquement toutes ses affaires. Je pense qu'elle n'en pouvait plus. Mon père était très violent. Je l'ai retrouvée vingt-huit ans après. Une tumeur au cerveau l'a rapidement emportée, quelques mois plus tard.

— Ça a dû être dur ? Dix ans, tu étais encore une enfant. Et puis la retrouver pour la voir repartir d'une autre manière, ce n'est pas juste. La vie est si sévère.

— C'est sûr, ça a été pour moi une tragédie. C'est une immense douleur. Ça vous tombe sur le coin de la tête sans prévenir. Pendant des années, j'ai estimé que c'était irréparable puis je m'en suis sortie. Mon père s'est remarié et j'ai eu la chance d'avoir l'attention d'une belle-mère bienveillante qui m'a donné beaucoup d'amour. Elle m'a d'une certaine manière adoptée inconditionnellement et sauvée.

— Ça c'est beau ! Et tu as su faire la part des choses et remonter la pente ?

— Oui, j'ai su accepter ce que je ne pouvais pas changer. J'ai dit oui à ce que la vie m'apportait.

— Ça c'est courageux, Lou.

— Ma mère en partant a dessiné un chemin différent de celui qui était prévu, c'est cela qui m'a donné le courage de partir à mon tour, quelques jours après ma majorité.

— Ta mère aussi a été forte. Ton père a sans doute voulu rentrer dans sa tête et l'obliger à voir les choses de la même façon que lui. C'est horrible ! Tu te retrouves au bout de quelques années, dépouillée de toute personnalité.

— Quand il était bien mais c'était rare, mon père était un homme extraordinaire, très intelligent et très cultivé. Certains jours, on riait – mais souvent, le lendemain, nous pleurions. Malheureusement, il s'est aussi servi de cette intelligence pour dominer, manipuler, dénigrer, et faire du mal.

— Heureusement qu'elle est partie pour se reconstruire même si t'abandonner a dû être un traumatisme irrémédiable.

— Ce sont les violences physiques qui l'ont poussée à se libérer. Lorsque tu ne peux pas nommer la violence parce qu'il n'y a pas de coups, c'est plus compliqué. Tu passes toute une vie à recevoir des bleus à l'âme.

— Écris vite ton livre alors ! J'ai hâte de le lire… Je serai l'une de tes premières lectrices.

Elles se sont échangé leurs coordonnées en se faisant la promesse de s'appeler. Lou savait qu'elle la reverrait un jour, dès qu'elle serait rétablie, sans plâtre, sans bandage et sans bleus… dans d'autres circonstances… dans un autre cadre… dans un endroit plus chaleureux…

Lou remplit toutes les formalités pour sortir de l'hôpital. Trois jours, c'était plus que ce qu'elle pouvait supporter. Elle a échappé belle, un peu plus elle célébrait son anniversaire avec le personnel soignant. Noëlla, l'infirmière avec laquelle elle a noué le meilleur contact, vient la rejoindre à l'accueil pour lui dire au revoir et lui remettre une ordonnance. Lou gardera un bon souvenir de cette belle antillaise toujours là pour soigner mais aussi pour protéger, réconforter avec une patience extraordinaire. Elle avait toujours le mot pour rire dans les moments difficiles ou gênants.

Lou déteste l'hôpital, d'ailleurs qui aime cette ambiance ? La couleur des murs, des couloirs interminables où l'on cherche timidement le numéro de chambre et puis ces portes battantes qu'on entend grincer et claquer. Ça pour battre, elles battent. Ces infirmières qui courent dans tous les sens, parfois complètement démunies face à la série des protocoles… Les brancards, les chariots et ces malades qui font les cent pas avec leur perfusion… Les lumières crues des néons qui donnent une couleur blafarde au visage… on pourrait presque croire que c'est l'heure de se lever même en pleine nuit… Et puis cette fine odeur indescriptible de désinfectants qui se mélange avec celle des barquettes industrielles réchauffées aux heures des repas, une horreur…

Dans quelques jours, Lou ne se souviendra plus de cette pénible aventure. Les hématomes seront les seuls derniers témoins, rien de plus. Lou aime être légère et n'aime pas s'encombrer de sujets douloureux. Comme disait sa mère lorsqu'elle était petite :

— Lou, voit les choses du bon côté.

— Quel côté maman.

— C'est une expression ma chérie. Il y a le bon côté et le mauvais côté des choses. C'est comme voir la bouteille à moitié vide ou à moitié pleine.

— Oui ? Mais…

— Il n'y a pas de *mais*.

— Je ne comprends pas pour la bouteille.

— La bouteille a toujours la même quantité d'eau, tout dépend comment tu la regardes.

— Faut que je la regarde la tête en bas, alors ?

— Mais non, Lou. Si tu la vois à moitié pleine, ça veut dire que tu vois les bons aspects dans chaque chose de la vie. C'est comme un muscle, plus tu t'entraînes à être positive, plus tu le seras.

— Et c'est quoi le contraire ?

— Eh bien le contraire, quand penser négatif est devenu une habitude, on se plaint à la moindre petite occasion, ça finit par ternir les journées et ensuite, la vie entière.

— Ça veut dire quoi, ternir.

— Ça veut dire rendre plus sombre, avec moins de lumière. Tu aimes la lumière, toi, puisque tu regardes toujours le ciel.

Lou hoche la tête… en faisant un petit sourire et en se collant contre sa maman.

— Regarde Lou, c'est un peu comme si tu semais une graine, *la graine Pensée Positive*. Si tu l'arroses avec un parfum, un sourire, un bel oiseau, une belle couleur, tu n'auras des regards que sur des belles fleurs, sur la forme des nuages, sur des camarades gentilles, sur les belles choses et tu la verras pousser… ta pensée positive.

— Ah ! Alors on en plante une maintenant, toutes les deux sur le bord de la fenêtre et l'on surveillera tous les matins.

Yolande sourit.

Lou ne comprenait pas trop à l'époque mais elle écoutait, toujours bien concentrée, son regard noir comme des billes dans les yeux de sa mère.

Aujourd'hui, Lou a très bien assimilé ce conseil et en a tiré des conclusions. C'est devenu sa ligne directrice de sa vie. Quand on a le pouvoir de mener tout vers le bien ou presque, on gagne de la force. Elle sait qu'elle ne peut pas maîtriser toutes les pensées qui fusionnent dans sa tête mais quand le négatif vient de l'extérieur, elle agit, elle le repousse. Elle s'est toujours sentie plus forte en étant positive, joyeuse et en aimant ce qu'elle possédait déjà.

Lou attend un taxi. Elle s'assoit quelques minutes, les antidouleurs, c'est efficace mais ça assomme, elle n'aime pas ça. Son père était pareil, il se méfiait toujours des médicaments. Elle sourit en pensant qu'elle ne s'était pas ratée en tombant du bus. Rien au visage, pas comme sa voisine de chambre, mais des égratignures aux deux genoux, un bleu énorme à l'épaule droite et ses deux bagues bien abîmées. Elle arrêtera les médicaments dès que ses courbatures et son mal de dos seront passés.

Lou se dit que la vie est bien éphémère et que parfois un ange veille sur elle, le motard qui roulait à toute vitesse a freiné à deux centimètres de sa tête, le pire a été évité. Un matin, on se lève, le bien-être vous sourit et dans la journée, la vie bascule… et hop ! On se retrouve à faire des radios, à dormir dans un lit d'hôpital mais aussi, à faire une belle rencontre. Elle a très bien compris depuis des années que c'est toujours la même erreur, l'être humain oublie ou peut-être préfère-t-il oublier que la vie est incertaine, parfois courte. Lou compare la fragilité de la vie aux belles-de-jour, ces fleurs qui ne durent qu'un jour et qui se referment le soir venu. C'est pour cela qu'elle en a planté quelques-unes sur sa terrasse, une sorte de pense-bête quotidien du bien-être.

Elle se lève et regarde si son taxi est là. Toujours pas. Elle repart à nouveau dans ses pensées. Elle a toujours su croquer la vie à pleines dents, malgré un départ de vie bien difficile. Aux alentours de son anniversaire, elle pense toujours à sa maman. Même si elle en garde quelques cicatrices, elle a su dépasser ce drame pour devenir une résiliente. Elle en est fière.

Lou comprend ce que sa mère a pu endurer dans un silence total, une sorte d'anesthésie qui lui a permis de survivre et de rester malgré tout joyeuse pour Lou. Elle a eu raison de fuir l'emprise et la violence de son mari. Il ne faut jamais rester dans des situations insoutenables et irrespectueuses. Depuis ce traumatisme, jour après jour, Lou n'a cessé de vouloir se faire plaisir, profiter de la vie, se protéger, vivre et tirer des enseignements. Elle a eu conscience très tôt que la douleur et les échecs sont de puissants engrais pour se construire, pour grandir. Des désirs, des envies elle en a toujours eu. Elle a cette forte capacité à rêver, à imaginer ce que sa vie peut être, à voir ce qui est invisible dans l'instant présent. Ça fait longtemps que c'est affirmé chez elle comme si le compteur du temps pouvait tomber en panne.

— Fuis les briseurs de rêves, ma fille, fuis-les ! lui disait sa mère.

Un klaxon la fait sursauter. Elle sourit au chauffeur, un athlète en costard avec des lunettes noires sur le nez et une fine moustache à l'américaine. Il lui fait signe et lui tient déjà la portière. Elle jette un coup d'œil rapide sur la ligne à la fois très basse et très fine du taxi, elle la trouve élégante. Elle n'y connaît pas grand-chose en Berline mais le style audacieux et sa couleur l'interpellent.

Elle s'installe sur la banquette en cuir couleur fauve avec un peu de difficulté. C'est un vif rappel à l'ordre de toutes ses douleurs mais elle sait que dans quelques minutes elle sera chez elle. Elle donne son adresse sur un ton un peu chantant. Le chauffeur mémorise, met le compteur en marche et la voiture démarre. L'habitacle est impeccable comme elle les aime avec une douce senteur de verveine. Ça change de l'hôpital qu'elle voit disparaître rapidement de son champ de vision !

Elle arrive dans son hall. Elle passe son badge devant l'interphone qui lui renvoie en simultané un *Bienvenue*, elle sourit. Elle est heureuse, elle va retrouver son petit nid coloré et chaleureux, sa fille, ses amies et toutes ses plantes.

5

26 octobre, Lou ouvre un œil puis l'autre et s'étire. Elle se redresse et met de côté la sensation d'être rouillée avant de poser le pied par terre. Aujourd'hui, elle veut retrouver un peu de souplesse.

Elle est encore toute déshydratée. Il faut vraiment qu'elle arrête ces médicaments qui lui assèchent la bouche. Ça fait longtemps qu'elle n'avait pas eu autant soif. Elle regarde le réveil, il est déjà tard. Si contente de retrouver son lit, elle a fait un tour complet du cadran. Elle allume la radio, l'animateur est en train de citer toutes les célébrités nées le même jour qu'elle. Les fameux Amoureux de Peynet se sont arrangés pour produire un pic dans la courbe des naissances. Elle boit son café, se prépare des tartines à la goyave, sa confiture préférée. Après un petit-déjeuner bien copieux, elle ouvre sa porte-fenêtre et contemple toutes ses plantes. C'est un rituel quotidien quand la météo le permet. À cette époque de l'année, sa terrasse en plein ciel est encore fleurie même si les couleurs de l'automne sont bien installées. Lou chouchoute tout le temps ses fidèles vivaces et ses bulbes qui le lui rendent bien, chaque année ils refont apparition au réveil de la végétation. Elle adore quand ils renaissent de leur souche au printemps suivant, pour refleurir avec encore plus de générosité. Octobre c'est la saison transitoire qui permet de passer en douceur de l'éclat de toutes les floraisons d'été vers la saison d'hivernage.

Elle se penche et regarde devant elle. Ses fleurs en marguerite avec leur joli cœur proéminent. Elle les bichonne chaque jour car celles-ci persistent longtemps après la floraison… sombre et majestueuse présence jusqu'à l'entrée de l'hiver. Lou se baisse et caresse quelques asters, qu'ils sont beaux… elle les adore. C'est un éternel recommencement, leur cœur bombé jaune au début évolue toujours et doucement vers le pourpre. Et là, à gauche, deux bacs remplis d'immortelles naines absolument magnifiques qui se hissent du rouge à l'orange, en passant par le jaune. Comme leur nom l'indique elles ne fanent pas et Lou s'amuse à en faire des bouquets secs pour l'hiver. Tous ses cyclamens blancs, fuchsia, rouges sont comme au garde à vous pour la saluer, bien droits avec leurs pétales retroussés vers l'arrière. Elles sont bien curieuses celles-là.

Brusquement, elle regarde sa montre. Sa fille passe en début d'après-midi, elle doit se préparer.

Dring dring, dring dring dring, la sonnerie de l'interphone retentit. Lou sait que c'est sa fille, Victoria. Elle reconnaît sa manière saccadée d'appuyer sur le bouton. Lou se lève trop vite pour ouvrir la porte, elle pousse un petit gémissement. Sa fille lui saute au cou et Lou l'entoure de ses bras.

— Joyeux anniversaire ma petite Maman.

— Merci, merci ma chérie. Aïe !

— Je t'ai fait mal, Maman ?

— Non, enfin oui, j'ai encore des bleus et mon épaule est bien abîmée.

— Je suis désolée, je reviens à l'instant d'Espagne. Tu ne m'en veux pas d'être rentrée toute seule de l'hôpital ?

— Mais non, ma chérie, tu sais bien, j'aime bien me débrouiller. L'hôpital n'est pas très loin. Je suis montée dans une Berline d'une classe incroyable avec un chauffeur très attentionné. C'était bien agréable.

— Allez, maman, viens, viens sur le canapé. Tu vas fatiguer à rester debout. J'ai quelque chose pour toi. Lou, lui tend un grand paquet.

— Je suis gâtée ! Merci ma fille.

— Tu ne sais pas ce que c'est. Je ne sais pas si tu vas aimer. Allez, Maman, ouvre.

— Ah, ah ! Qu'est-ce que ça peut bien être ?

— Je vais t'aider.

Victoria impatiente, défait l'énorme nœud de ruban blanc, déchire le papier cadeau rouge et ouvre le carton volumineux. Après avoir défait tous les emballages de protection, elle en sort un petit piano aux couleurs vitaminées. Les motifs qui sont peints dessus ressemblent à ceux du wax. C'est graphique, c'est coloré !

— C'est super joli. Je ne sais pas ce que c'est exactement mais déjà, ça me fait rêver à l'Afrique. Il y a quelque chose d'inscrit sur le côté ? C'est écrit petit, je n'arrive pas bien à lire : *La Ma-ra-di-naise* ? C'est ça ? Mais c'est moi, puisque je suis née à Maradi.

Lou éclate de rire.

— Exactement, c'est bien toi.

— Maintenant, devine ce que c'est.

— Ça ressemble à une pure invention, disons un *piano africain* avec juste quelques notes blanches. J'adore ces motifs rouges et jaunes. Alors ? Dis-moi. Je donne ma langue au chat.

— Surprise ! Maman. C'est un ami, ébéniste d'art, musicien à ses heures perdues, qui me l'a fabriqué. Tu as toujours joué du piano, c'est cela qui m'a donné l'idée de départ. Quant au fonctionnement je lui ai expliqué ce que je voulais. C'est pour cela que j'étais partie en Espagne sans te donner plus de détails.

— Tu me fais des cachotteries maintenant ?

— C'est pour la bonne cause. Regarde, il y a cinq touches et chacune d'elles correspond soit à des moments importants de ta vie, soit à des personnes et des choses que tu aimes.

— Comment ça ?

— Tu m'avais fait lire des textes que tu avais écrits sur ta mère Yolande, sur ta naissance. Ça fait longtemps que tu veux les rassembler un jour, dans un livre. Alors j'en ai enregistré pour que ça te donne l'envie d'écrire.

— Oui, je me souviens très bien te les avoir donnés à lire.

— Eh bien, certains sont là-dedans, dans ce petit piano. À l'intérieur, il y a un petit magnétophone et chaque touche met en route une partie de la bande correspondante.

— C'est super ingénieux, c'est avec ta voix ? Quelle idée géniale tu as eue là.

— Oui, pour toi. Je suis sûre que certaines touches vont t'émouvoir mais entendre ton texte, je pense aussi que ça va te stimuler pour écrire… ce fameux livre, Maman. Ça fait trop longtemps que tu en parles et ça fait trop longtemps que j'attends de le lire.

Lou est si touchée de ce cadeau tellement original que ses joues sont devenues roses. Ses yeux brillent à la limite de laisser rouler quelques larmes. Elle prend Victoria dans ses bras pour la remercier et l'embrasse plusieurs fois sur la joue. Elle fait durer le plaisir avant d'enfoncer la première note.

— Merci, mille fois merci. Je n'ai encore rien entendu mais je suis folle de joie et d'impatience.

Même s'ils moisissent au fond d'un tiroir, le contenu de ses textes rédigés est encore très précis dans son esprit : le départ de sa mère et ses retrouvailles vingt-huit ans après, quelques autres nouvelles, quelques poèmes. Elle a envie de découvrir par magie le contenu de la première note.

— Allez champagne ! Je ramène aussi quelques petites bricoles à grignoter.

Lou revient souriante avec un plateau bien garni.

— Trinquons. Je suis très – très – pressée d'entendre ce qu'il a dans le coffre, ce mini piano.

— À toi, ma chérie.

— À la tienne, Maman, bon anniversaire. Vas-y, appuie.

Lou enfonce délicatement la première touche avec son index. Quelques petits grésillements se font entendre puis elle entend la voix émue de sa fille.

— Ma petite Maman, juste quelques mots pour te souhaiter un très joyeux anniversaire.

Si tu entends le contenu de la première note, c'est que tu auras ouvert ton cadeau et que j'aurai déclenché chez toi une certaine intrigue, n'est-ce pas ?

En préparant ce présent, j'ai imaginé tout le long de sa fabrication ce que tu ressentirais. Je sais que tu auras quelques couleurs sur tes joues, je sais que tes yeux brilleront, je sais que tu auras le sourire sur les lèvres, que ton regard sera pétillant de curiosité et que les battements de ton cœur s'accéléreront.

C'est un jour spécial pour te dire que je t'aime, ma petite Maman, toi qui m'as toujours soutenue, qui m'as guidée, qui m'as transmis les plus belles valeurs et qui es toujours à mes côtés.

Nous aurons probablement ouvert une bouteille de champagne au moment où tu entendras ces paroles, alors je lève mon verre à toi, à ta journée, à tes souvenirs d'enfance.

Joyeux anniversaire. Je t'embrasse très fort et n'oublie jamais que je t'aime très fort.

Lou embrasse Victoria en la serrant fort dans ses bras et lui tapote doucement le dos.

— Je ne savais pas qu'un piano pouvait parler de cette manière, faire ressentir autant d'émotions et faire autre chose que de la musique. Merci ma fille.

— De rien Maman, je savais que ça te plairait.

— Ah oui, j'adore.

— Allez ! Continue, j'ai hâte. Appuie sur une autre touche.

Lou enfonce la deuxième touche et elle entend les premiers mots. Elle reconnaît tout de suite son histoire. Lou se glisse au fond du canapé, collée contre sa fille, disposée à écouter.

— Tu es prête, Maman ?

— Je suis tout ouïe… Chut !

Lou, silencieuse, lève sa coupe de champagne encore une fois et frôle délicatement celle de sa fille.

— …

6

Je me réveille brusquement. Bon sang, il y a trop de lumière ! Comme tous les matins, maman ouvre les rideaux d'un geste vif... ça me raye la tête ! Aucun sommeil, même profond ne peut résister au bruit des anneaux en bois sur la tringle. J'ouvre un œil, puis l'autre, je m'étire. Je me lève avec le regret de quitter la tiédeur de mon lit. Je suis enrhumée, je n'irai pas à l'école aujourd'hui.

Je m'approche de la fenêtre. Il doit faire très froid dehors et la buée sur les carreaux m'empêche, ce matin, de mater tout ce qui se passe dans la cour. Je ne peux rien voir, la vitre est opaque. Je trace alors en levant mon bras le plus haut possible, une immense arabesque. Mon index devient glacé et se cogne volontairement contre le châssis, en haut, à droite... à gauche, pour repartir de plus belle. Je termine par un trait énergique en zigzag jusqu'en bas de la fenêtre, une signature en quelque sorte. Au fur et à mesure que je dessine, mon imagination bouillonne et explose. J'ai la tête qui cogite à deux cent à l'heure. Je devine des têtes, des boucles de cheveux, des sourires, des grimaces, des clins d'œil et avant même que je puisse inventer une histoire, des larmes jaillissent et commencent à rouler sur tous ces visages inconnus.

Brusquement, la voix de maman me fait sursauter. Elle crie d'un ton aigu :

— Ne fais pas ça, Lou, je t'ai déjà dit que ça laissait des traces ! J'ai fait les carreaux avant-hier !

Je soupire et sors de mon rêve.

— Tu m'as entendue ? Lou, dit maman en me tendant un chiffon.

— Oui, maman.

— Essuie-moi ça tout de suite. En plus, tu vas attraper encore froid à rester devant la fenêtre !

Je me décide à obéir à contrecœur. Un frisson me secoue. Les premières gouttelettes dérapent, puis d'autres. Toutes ces courbes entrelacées, jusque-là harmonieuses, ne ressemblent plus à rien. – J'efface tout et laisse échapper un soupir. Déçue, je redescends sur terre, nous sommes vendredi 10 novembre 1967.

— Viens prendre ton p'tit-déjeuner, Lou, ton chocolat va refroidir.

— Oui, maman.

J'enfile ma robe de chambre et je m'installe, toujours à la même place, à ma place, vue sur les toits, vue sur le ciel, vue sur les nuages. J'adore ! Je suis libre de suivre ou de ne pas suivre tous ces énormes coussins de coton. Il doit y avoir du vent ce matin car ils passent rapidement – là – devant mes yeux. Ils se transforment sans cesse. Des formes uniques se succèdent et brusquement, je reste subjuguée ! Un cœur semble se former. Beauté éphémère ! Le cœur s'est déjà morcelé et trois petits ronds continuent leur chemin sur un fond de toile bleu azur. Et hop ! Cette fois-ci c'est le soleil qui ose, à son tour, traverser le carreau. Quelle belle lumière ! Je sens comme une caresse tiède sur mes joues… Ça va réveiller mes taches de rousseur.

Maman a allumé le poêle avant mon réveil.

Elle est bizarre ce matin… V'là que l'odeur du chocolat parfume l'atmosphère et se mêle à celle du pétrole. Une fumée fragile sort de mon bol, me réchauffe doucement et enveloppe mon visage avec une certaine moiteur. Un peu comme une lampe magique, j'attends que les volutes vaporeuses esquissent un génie… un, deux, trois…

j'aimerais tellement lui chuchoter à l'oreille tous mes secrets, tous mes souhaits.

Non, rien de cela, je me frotte les yeux et catastrophe ! Une peau épaisse flotte sur toute la surface du lait et les grumeaux chocolatés me regardent avec de minuscules yeux ronds sans paupière. Encore une histoire de gouttelettes mais cette fois-ci de graisse qui remonte à la surface. Je suis dégoûtée.

— Maman, non ! Pas la peau du lait ?

— Je sais, grommelle-t-elle, gênée. Le lait a encore débordé. Pousse-la avec ta cuillère !

Maman a une fâcheuse tendance à mettre une casserole sur le feu et à changer de pièce, un peu comme si elle était persuadée que quelqu'un reprendrait le relais à sa place. Une chanson qui passe à la radio et tout est oublié. Facile de repérer le brûleur le plus fatigué de la gazinière !

— Mange tes tartines, il est déjà tard. Tu vas au jardin du Palais Royal avec Danielle...

— Tu ne viens pas avec nous ?

— Je viendrai te chercher en fin d'après-midi.

Tu te souviens, je t'ai accroché la clé avec une épingle à nourrice dans la doublure de ta jupe. Si jamais un jour, je suis en retard, tu rentres seule.

Tu n'aurais pas peur ? La maison est tout près !

Je fais la moue. Jusqu'à présent maman est toujours arrivée avant la fermeture du square. C'est vrai, je viens d'avoir dix ans. C'est grand dix ans.

— Allez ! Lou, mange vite.

Maman dissimule un certain agacement dans le ton de sa voix. Je la regarde avec un air interrogateur.

— Gare à toi, si elle arrive et que tu n'es toujours pas lavée et habillée.

Trois tartines un peu rassises recouvrent les motifs de l'assiette. J'attends que maman ait le dos tourné pour ramollir le pain dans mon chocolat. Chez nous, interdiction formelle de fabriquer des mouillettes, je ne comprends pas pourquoi, c'est tellement meilleur. Maman s'éloigne et fait toujours semblant de ne pas voir.

Je me lève en faisant grincer la chaise sur le lino, je débarrasse et récupère toutes les miettes éparpillées sur la toile cirée. Je jette à nouveau un coup d'œil pour vérifier si la table est propre... je ne veux pas l'énerver...

— Allez Lou — à la toilette, allez, allez, vite !

Ah ! Cette toilette ! La cuisine se transforme en deux temps trois mesures, en salle de bains. Ma mère qui a fait chauffer de l'eau, remplit une grande lessiveuse en métal, toute cabossée. Voilà, le décor est posé au milieu de la pièce entre le buffet et l'évier. Je me croise les bras, je grelotte... Maman me frictionne vigoureusement avec un gant. Elle est toujours joyeuse, souvent elle me taquine, me chatouille. Là, elle ne fredonne même pas un petit air... Ça me rend triste.

D'habitude elle chante toujours la même chanson :

« Le ciel est bleu, réveille-toi
C'est un jour nouveau qui commence
Le ciel est bleu, réveille-toi
Les oiseaux chantent pour toi ! Réveille-toi
Qu'il fait bon de se laver
Ah ! Qu'il fait bon de frictionner
Et de rigoler le cœur content avec sa maman. »

Quand elle m'enroulait dans la serviette, à chaque fois nous avions un fou rire, je savais très bien qu'elle avait modifié les paroles.

Maman me donne mes habits et je comprends que je dois me débrouiller toute seule. Elle range tout et la cuisine redevient cuisine. Elle est pressée, ses gestes s'accélèrent. Je me souviens que l'autre jour, maman et Danielle discutaient en chuchotant. À chaque fois que je passais à côté d'elles, elles baissaient le ton pour que je n'entende rien. Jamais l'idée ne me serait venue d'écouter aux portes mais à cet instant, je regrette ! Juste quelques bribes, ça m'aurait peut-être aidée à comprendre ce qui se passe. Je crois que je n'ai jamais vu maman comme ça.

Je suis enfin prête. Je me hausse sur la pointe des pieds. J'entrouvre doucement la porte d'entrée. Maman n'entend rien. Deux marmites sont sur le gaz et les couvercles se soulèvent à tour de rôle. Les intervalles réguliers ont l'air de copier les battements d'un métronome. Maman baisse le feu et le rythme change aussitôt. On dirait un contretemps – une note attaquée sur un temps faible, suivie d'un temps fort, occupé par un silence – BAM – BAM – BAM – BAM — BAM – BAM...

Maman allume la radio. D'habitude rien qu'un p'tit air et maman chante avec sa voix juste et fragile. Aujourd'hui elle n'en a pas envie.

J'hésite à sortir. Tant pis si je me fais encore disputer. J'ai déjà un pied sur le paillasson. Je tire la porte vers moi sans la claquer. Je tourne la tête et regarde avec une certaine appréhension. À gauche, ce couloir sombre est égayé parfois par les rires des enfants. Il mène aux w.-c. – des w.-c. à la turque. Ma hantise ! Il arrive parfois que maman m'y enferme. C'est injuste, j'ai si peur. Je m'obstine à y aller au dernier moment, surtout en hiver, où la lumière du jour s'évanouit si tôt. C'est presque une opération commando pour moi : ne pas oublier d'allumer la lumière puisque l'interrupteur est dans notre entrée – de prendre la clé – le rouleau de papier – je place mes pieds correctement sur les deux socles – je baisse mes vêtements pas trop haut – pas trop bas – je m'accroupis au-dessus de ce trou noir. Dernier geste, une fois prête pour reculer, je tire la chasse d'eau et soudain je vois jaillir cette vague crachée avec puissance. L'eau recouvre tout le sol. J'ai la frousse.

Je suis sur le palier. Maman ne me surveille pas. J'arrête de penser à son énervement que je ne comprends pas. Je retiens mon souffle ! Mais pourquoi ne vient-elle pas avec nous ? Elle est toujours avec moi. En plus, aujourd'hui je suis malade !

La lucarne offre une certaine clarté et je n'ai pas besoin d'appuyer sur la minuterie. Je sors de ma poche un bout de papier. Je le déchire, je passe la tête entre deux barreaux de la balustrade et j'envoie le plus loin possible les petits morceaux. À peine les ai-je jetés qu'ils virevoltent. Ils évitent les obstacles dans leur chute vertigineuse et continuent une descente sans fin de plus en plus rapide. J'ai du mal à tous les suivre du regard. C'est marrant, ils ne disparaissent pas à la même vitesse dans l'obscurité des premiers étages. Je devine qu'ils se sont posés ici et là.

Je scrute le plus loin possible. J'attends un signe, n'importe quel signe. J'imagine la cape toute noire d'un magicien et d'un mouvement magique, il laisserait s'échapper une multitude de papillons blancs.

Je sursaute au claquement de la porte du cinquième. Quelqu'un allume la lumière. J'entends des talons claquer sur le bois. Danielle arrive.

La bonne humeur de ma mère a disparu. Les autres jours, lorsque Danielle arrive, elles papotent longtemps dans le salon et j'attends toujours, impatiente, en me disant – mais quand est-ce que l'on va sortir ? Bla bla bla et bla bla bla. Aujourd'hui, Danielle reste sur le pas de la porte. Elle a compris que ma mère a quelque chose à faire... mais quoi ? Je lève la tête vers elle pour lui dire au revoir. Son sourire ne semble pas du tout naturel. J'ai une drôle de sensation, c'est comme si l'appartement était devenu tout sombre, que le plafond était plus bas et que toutes les fenêtres avaient rétréci.

L'atmosphère est lourde, même Danielle ne semble pas à l'aise.

– Mais bon, moi je suis contente d'aller au parc, j'attrape au vol ma corde à sauter et je sais que je vais sans doute rencontrer mes copines à l'heure de la sortie de l'école.

Ma mère me prend dans ses bras et me fait une multitude de bisous sonores dans le cou... elle me caresse les cheveux et resserre mon écharpe rouge... me reprend dans ses bras à nouveau... Elle me fait presque mal. Elle me chuchote près de l'oreille :

— Amuse-toi bien, maman t'aime très fort. Tu le sais ça ?

— Oui maman, moi aussi je t'aime.

Nous v'là dans la rue, Danielle me tient par la main. Elle aussi elle me fait presque mal. Mais qu'ont-elles toutes aujourd'hui à me serrer comme ça ? Danielle marche rapidement pourtant c'est une promenade. Je fais presque deux pas tandis qu'elle n'en fait qu'un. Ni l'une ni l'autre nous n'avons envie de parler.

Nous passons par la Galerie Vivienne, les vitrines luxueuses me font à chaque fois rêver. La lumière zénithale illumine le sol en mosaïque. Je m'amuse toujours à sauter dans chaque rosace et avant d'avancer je ressaute encore une fois au milieu – dans l'étoile. Que c'est beau !

Danielle me sourit, son regard est anormalement pâle. Ça me revient subito, la drôle de façon que ma mère avait de laisser déborder le lait et puis je repense à son air triste. Mais pourquoi préparait-elle autant de plats d'avance ? S'est-elle disputée encore avec mon père ? Chez nous, le soir, c'est souvent l'orage que j'entends de loin puisque je vais au lit beaucoup plus tôt.

Nous traversons le passage Perron et nous arrivons au jardin. Danielle a envie de faire un tour sous les arcades. Elle ne me lâche pas la main et s'arrête devant une vitrine de chapelier. Il y a des chapeaux de toutes les formes de toutes les couleurs. Cela me fait penser à ce que ma professeure de piano m'a dit un jour :

— Tu habites un quartier bien sympa, Lou, où Chopin aimait se promener. Il venait s'acheter gants et chapeaux dans une des

boutiques du Palais Royal. Je l'imagine en jouant au piano, la Valse du petit chien.

Brusquement, un rayon de soleil me fait cligner des yeux et mon cœur bat plus fort. – Je palpe le bas de ma jupe... ouf ! Ma clé est bien accrochée. Que suis-je bête, pourquoi maman ne viendrait-elle pas aujourd'hui ? Je suis sûre qu'elle fait cela pour me montrer que je suis grande désormais et que je peux de temps en temps rentrer toute seule. Après tout, peut-être confectionne-t-elle des choses pour Noël, un pull, une écharpe ? Maman s'y prend toujours à l'avance pour offrir des cadeaux qui ont du sens et qui font vraiment plaisir. Elle cherche des idées, écoute les désirs de chacun et les réalise ou bien les achète... toute une activité à elle seule.

Danielle m'achète une gaufre au sucre et nous allons nous asseoir pour la déguster sur un banc en plein soleil. La pierre est chaude, c'est agréable.

J'ai bien joué avec mes copines qui viennent de partir. Il doit être tard, l'intensité de la lumière baisse et les lampadaires s'allument. Danielle m'annonce mon dernier tour de manège et me fait comprendre à demi-mot qu'elle doit partir. Je me sens presque fière qu'elle me fasse confiance et je me sens grande d'attendre maman. J'embrasse Danielle qui s'efforce de garder un soupçon de sourire sur les lèvres.

— Ta mère ne va pas tarder, Lou. Ça va aller ? Tu n'as pas peur ?

Je hoche la tête en guise de oui puis de non et aussitôt je la regarde partir. À cet instant, j'ai comme une boule au ventre. Je ne sais pas si j'ai peur ou si cette sensation est inconfortable parce que nouvelle. Je sens au travers de ma poitrine les battements de mon cœur, j'ai presque la nausée.

Une mère, sur un autre banc, me lance un grand sourire, je lui réponds à peine. Devant moi, un homme à la cinquantaine me regarde d'un air bizarre. Je l'ai aperçu plusieurs fois faire les cent pas pendant que je faisais de la balançoire. Je m'assois près des arcades, là où il y a le plus de passage, c'est plus prudent. Je suis fatiguée. Je commence à avoir froid. J'aperçois une silhouette avec un manteau rouge, je m'apprête à courir. – Non ! Je me suis trompée, dans la pénombre j'ai cru que c'était maman. Je regarde à droite puis à gauche, le jardin se vide peu à peu. Bientôt, il ne restera plus que le tracé des marelles et quelques papiers de bonbons par terre. Mais que dois-je faire ? Comment vais-je faire ? J'ai comme une envie de pleurer et en même temps je suis rassurée puisque j'ai mes clés. Dois-je attendre ? Dois-je y aller ?

Je suis complètement perdue. J'ai peur que maman arrive et ne me trouve pas. Triiit, triii, Triiit, triii, le gardien siffle pour annoncer la fermeture du parc. C'est l'heure de rentrer. J'ai un mal fou à réfléchir, j'ai peur – pas peur, je me sens grande et petite à la fois, je suis effrayée et rassurée. J'entends les grilles du parc claquer derrière moi, je me retourne. J'ai l'impression qu'une pièce de théâtre vient de se terminer et qu'un épais rideau vert foncé se ferme. Il fait nuit à présent, je cours de plus en plus vite.

Je me dis que ce n'est pas normal, maman ne m'a jamais laissée seule surtout le soir. Je cours, je cours, je passe devant la fontaine Molière, je manque de renverser la clocharde qui dort toujours dans un petit renfoncement. Je m'excuse. Je m'arrête, j'ai un point de côté. Je me tiens les côtes et j'essaye malgré tout de reprendre mon souffle. Je repars de plus belle… Des larmes coulent sur mon visage. La boulangère qui fait l'angle de ma rue me voit passer mais elle n'a pas le temps de me faire signe. J'habite au 9 et je passe comme une flèche tous les numéros impairs de la rue Villedo. Je rentre sous le porche de mon immeuble et je monte les six étages.

J'arrive le souffle complètement coupé et je sonne à la porte une fois, deux fois. Rien, je panique. Je sonne à nouveau. La minuterie vient de s'arrêter et dans le noir, j'essaye de deviner des bruits. Je tends l'oreille, rien en provenance de l'appartement... Juste le chat de la voisine qui miaule. Je tape avec mon poing sur la porte et je crie :

— Maman ouvre-moi, c'est moi, ouvre-moi. MAMAN !

Je suis sûre que maman est là, à l'autre bout de l'appartement, dans la cuisine.

— Maman ouvre-moi, c'est moi, ouvre-moi. S'il te plaît !

Elle va finir par m'entendre et ouvrira la porte avec son magnifique sourire et elle me dira :

— Oh ! Ma chérie, ça fait longtemps que tu tambourines comme ça à la porte ?...

Brusquement, je repense à ma clé. Je détache l'épingle à nourrice de ma doublure, je me pique et une goutte de sang perle sur mon index, je tremble tellement que je n'arrive pas à rentrer la clé du premier coup dans la serrure...

Toutes les pièces sont dans le noir... Personne. J'allume dans l'entrée, j'en oublie de refermer la porte. Je vois posée sur le buffet une feuille sur laquelle je reconnais l'écriture de maman... et je lis...

> *« Tu m'avais demandé de partir lorsque tu n'étais pas là, c'est ce que j'ai fait. La vie avec toi n'est plus possible et je sais que Lou sera beaucoup mieux avec toi. J'avais besoin d'argent, j'ai pris l'enveloppe du mois. Regarde bien le cahier de textes de Lou pour vérifier si elle a fait tous ses devoirs. Je suis désolée. N'inquiète pas ma famille, ils ne sont pas au courant. Vous serez beaucoup plus heureux sans moi. Adieu, Yolande »*

Je tourne la feuille, rien pour moi, pas une ligne pas un mot. Il doit y avoir forcément une enveloppe quelque part, ailleurs dans l'appartement, sur un autre meuble. Je fais deux fois le tour de l'appartement, je ne trouve rien. Mon cœur saigne, mon âme se déchire...

Je hurle de douleur et toutes mes incompréhensions de la journée rejaillissent. J'ai mal. Mes larmes coulent et des sanglots secouent mon corps. Mes tempes se mettent à battre comme si quelqu'un tapait avec un marteau. Ma vie s'écroule, mon paradis de petite fille heureuse s'effondre en une seconde comme un château de cartes. Les dernières heures, les derniers jours repassent en boucle dans ma tête. Qu'ai-je fait pour la faire partir, est-ce moi ? Est-ce mon père ? Je suis envahie d'une culpabilité insurmontable, incompréhensible, indomptable. Je pleure tellement que mes paupières me permettent à peine d'ouvrir les yeux. Les heures se sont écoulées, mon visage est totalement défiguré.

Vingt heures. – Mon père arrive, pousse la porte que je n'avais pas refermée et se doute du drame. Je suis assise par terre, la lettre entre mes mains. Il la prend sans prêter attention à mes larmes, la lit et s'effondre par terre...

Ce 10 novembre 1967, la vie bascule, MA vie... et je ne sais plus quoi dire, quoi faire. Je vois mon père qui se relève, le regard désemparé. Il tient la lettre comme s'il ne lui restait plus que ça, sa main tremble. Je ne peux rien faire, moi !

Mon père me regarde enfin, de son mètre quatre-vingt-dix et je me sens toute petite, recroquevillée, comme une vieille couverture abandonnée sur le sol. Mais les couvertures – elles – on ne leur fait pas de blessures ! J'ai l'impression que le sang ne circule plus dans mes veines. Je ne comprends pas encore ce qui m'arrive, je ressens juste que quelque chose de grave est arrivé. Cette peur-là ? Je ne la connais pas. Ce chagrin ? Je ne le connais pas non plus ! Cette chose que je n'arrive pas à définir, elle m'anéantit. Est-ce que quelqu'un peut me dire son nom ? Est-ce que quelqu'un peut me dire comment je vais faire, ce que je vais devenir ?

Il flotte dans l'air une sensation de fin du monde. Mon père me tend la main, je me hisse le long du mur. Lui aussi me fait mal avec sa poigne de fer. Je ne sens plus mes jambes. Suis-je devenue un bouchon ballotté par les flots de nos larmes ? Mon père me fait asseoir dans la pénombre sur une chaise et commence à me poser des questions. Des questions sur maman, sur tout, sur ce que l'on a fait aujourd'hui... hier... avant-hier, on remonte dans le temps, ses vêtements, ses chaussures, qui a-t-elle vu, qui connaît-elle dans l'immeuble, mon père devient de plus en plus fou... Il fouille un peu partout, dans l'armoire, dans la commode... Maman n'a presque rien emporté... Je n'en peux plus d'être sur cette chaise. C'est horrible, c'est une punition, il faut que j'avoue quelque chose – mais quoi ? Je voudrais tant avoir à cet instant une épaule pour poser ma tête, recevoir un câlin, des bisous dans le cou... entendre une petite voix qui me dirait :

— Ça va aller, Lou, ça va aller. Calme-toi. Ça va aller...

Je cherche avec mon regard de la tendresse et du soutien, mon père ne voit rien. Il patauge et se noie dans sa propre souffrance. Ma solitude est effroyable... j'ai peur de demain. J'ai envie de mourir... Je pense à maman, à sa voix douce, sa peau, son parfum, son rire, son sourire solaire. Elle va tellement me manquer. Je sanglote à nouveau et mon père énervé pose toujours les mêmes questions – dans le même ordre. Une question, deux questions, trois questions et ça recommence ! Je suis épuisée, figée devant lui. Je ne lui apprendrais rien. Je ne sais rien. Quand je lui réponds d'une voix hoqueteuse, la morve au nez, je perçois sa colère... Clac ! Madame l'injustice vient de me gifler... Clac ! Mon père ferme la porte de sa chambre violemment. Je l'entends pleurer. L'interrogatoire est fini pour aujourd'hui. Je suis seule dans le noir... Il doit être très tard, je tremble !

Je veux dormir pour m'échapper, pour oublier, dormir peut-être pour ne plus jamais me réveiller. La nuit m'apportera-t-elle une parcelle d'espoir ? Au fond de moi, me reste-t-il une part inconnue de foi en un futur meilleur ?... Avec ou sans maman... avec mes souvenirs... avec son amour... Rien ne sera désormais plus jamais pareil...

7

Clac ! La touche remonte toute seule à la fin du texte. Elles sursautent toutes les deux. Elles s'étaient perdues dans l'histoire qui les pousse à réfléchir d'une manière différente. Avec un petit sourire en coin, Victoria fait un bisou à sa mère, rempli d'amour et débordant de tendresse.

— C'est ton texte intégral, Maman.

— Bien sûr, j'ai tout reconnu ! Il ne manque rien.

— Ce drame, tu me l'as raconté plusieurs fois dans tous ses détails mais je ne m'habitue pas à la violence de ce traumatisme.

— Sur le moment ça a été un choc violent avec une souffrance terrible, comme si ma vie avait été interrompue brutalement. Allez, allez, c'est du passé. Pas de tristesse aujourd'hui, il faut regarder devant, même si je dois mettre ces lignes un jour sur des feuilles blanches, je dois surtout constater la femme et la mère que je suis devenue.

— Ma petite Maman, je t'aime.

— Revenons à nos moutons, tu as une diction superbe, ma fille. Ta voix de tête et ton intonation à la fois puissante et tempérée forcent à l'écoute.

Victoria se lève.

— Excuse-moi une minute, je dois répondre, je reviens tout de suite.

Victoria s'isole dans la pièce d'à côté pour son échange téléphonique professionnel.

Lou part dans ses rêves quelques instants. Elle repense à cet enregistrement. Les mots ont leur poids, leur importance, leur pouvoir, leur résonance et Victoria a su les exprimer. Lou est assez impressionnée par cet accent de voix qu'elle ne lui connaît pas et qui devient plus grave sur certaines terminaisons. L'articulation de sa fille a toujours été précise telle un point sur un i, histoire de ponctuer, réveiller – une sorte de *Tie and Dye* sur le mal et sur le bien.

Quand l'émotion se glissait, pénétrait et s'accrochait, soudain sa diction se troublait, sans doute encore un embouteillage de respiration sur le chemin de l'air, du dedans vers le dehors et du dehors vers le dedans mais c'était si touchant. Victoria revient s'asseoir tout contre sa mère.

— Victoria, non seulement tu l'as interprété à ravir mais en plus je trouve qu'il n'est pas si mal ce texte !

Lou sourit en bousculant doucement sa fille avec son épaule.

— C'était le but ! Que tu aies un peu plus confiance sur ton écriture et que tu sois moins sévère avec toi.

— Et la troisième touche, c'est un autre texte ?

— Non, pour alléger et ne pas enchaîner sur le suivant, j'ai enregistré quelques-unes de tes musiques préférées et des morceaux sur lesquels tu as l'habitude de danser le rock.

Victoria savait que l'écoute du premier texte les chamboulerait un peu. Elle avait eu une bonne idée en mettant une petite bulle d'oxygène musicale et dynamique entre deux textes.

Lou regarde sa fille, le doigt maintenu, comme si elle lui demandait une permission et le troisième enregistrement s'enclenche.

Aussitôt elle entend les premières notes de *I will survive*.

— J'adore, c'est Gloria Gaynor.

— Sais-tu qu'il y a un chercheur en neurosciences qui a défini des critères essentiels pour désigner un morceau anti-déprime ?

— Non, je n'avais jamais entendu parler de cela. C'est intéressant.

— Eh bien figure-toi que dans la liste des morceaux les plus joyeux, comme il les cite, capables justement de faire fondre un cœur de pierre, il y avait un bon nombre de morceaux que tu écoutes et que tu aimes.

Victoria fait défiler rapidement la bande sur quelques chansons. Lou reconnaît au passage :

— Ah ! C'est Abba – *Dancing Queen*.

J'ai reconnu Survivor – *Eye of the tiger*, génial et puis aussi *Don't stop me now* de Queen, tu me connais bien ma fille !

Victoria lâche la note et Lou entend l'intro mythique de *Sing Sing Sing* de Goodman rythmé par la batterie. Elle adore. Elle ne résiste pas, elle se lève mais vite rappelée à l'ordre, elle réalise qu'elle ne peut pas danser. Elle s'appuie sur le dossier d'une chaise et entonne en bougeant la tête et les fesses, un petit rictus de douleur au coin des lèvres :

— *Everybody start to sing like dee dee dee, bah bah dah…*

Lorsque je vais dans mes soirées dansantes avec mon groupe de danseuses et danseurs habituels, ce morceau enflamme la salle. Ça vous envoûte de la tête aux pieds, ça swingue sous le rythme saccadé et endiablé des cuivres.

— Maman, tu écouteras ces titres en entier plus tard.

— Oui tu as raison, sinon on va y passer la soirée.

Victoria avance la bande d'enregistrement en accéléré pour s'arrêter sur le dernier morceau.

— Encore un maman, *Stand by me*.

— J'adore ! Rien que du bonheur.

— Je sais que tu l'aimes celle-là. J'ai trouvé que c'était une transition parfaite pour le texte qui va suivre.

Lou se sent légère et heureuse. Elle balance sa main droite au rythme de la musique, elle ne peut pas balancer grand-chose d'autre. Elle traduit à voix basse en simultanée les paroles :

Alors chérie, chérie

Reste contre moi
Oh, reste contre moi
Oh, reste, reste contre moi, reste contre moi
Si le ciel que nous contemplons
Devrait dégringoler et tomber
La la la… la la la
Je ne pleurerai pas, je ne pleurerai pas
La la la… la la la
Chaque fois que tu es malheureuse
Pourquoi ne resterais-tu pas contre moi
… Stand by me, stand by me.

La chanson s'arrête et la touche se relève. Lou se laisse tomber sur le canapé en faisant encore une petite grimace, elle avait presque réussi à oublier ses contusions.

Sacrée musique ! Quand elle vous balance des émotions positives, ça vous rentre dans les tripes et tout s'envole. L'effet hypnotique des rythmes, Lou en sait quelque chose, elle qui est née sous le son des tam-tam.

Ça vous donne envie de danser, ça fait battre votre cœur, ça vous fait du bien au moral, ça diminue vos douleurs. Victoria lui fait un signe. Elle est prête pour écouter le deuxième texte. La bande s'enclenche…

8

Tchou, tchou, tchou... un train vient de partir... à toute vitesse, tellement vite qu'il apparaît déjà tout petit comme une maquette, comme un jouet électrique, en route peut-être pour faire le tour d'un parc d'attractions.

Non, non, c'est un vrai train, avec de vrais voyageurs. V'là qu'on imaginerait presque une construction Playmobil avec, aux manettes un chauffeur à la tête surdimensionnée. Costume ultra-coloré et strict, couvre-chef noir ou marron, quelques petites mèches de cheveux qui s'échappent, une de ces figurines articulées en ABS... qui passerait le bras par la fenêtre pour saluer les hirondelles –.

— Hello *Riparia Riparia ! Plumage gris et yeux cernés, faites-vous belles ! Attention, ma locomotive va faire du vent, installez-vous peinardes sur une branche !*

L'homme à la casquette, fier d'être le chauffeur, celui-là, il pourrait en oublier de revenir !

Le panneau sur le mur du quai est visible à présent « Gare de Gourdon » mais Lou semble perdue. Elle regarde sa montre, son train pour Paris va bientôt pointer le bout de son nez.

Une fois arrivée devant la petite gare aux volets vert amande, Yolande l'a serrée fort dans ses bras... Elle était si heureuse d'avoir revu sa fille et Lou se sentait encore toute bouleversée d'avoir retrouvé sa mère... ça faisait tant d'années qu'elles ne s'étaient pas vues, beaucoup trop... un corps à corps rempli d'émotions, de regrets... une étreinte tendre et douce.

— Tu reviens quand tu veux, Lou.

— Dès que je peux, dès que je peux prendre quelques jours de congé. C'est promis.

— Nous avons beaucoup d'années à rattraper !

Yolande savait qu'elle aurait la gorge serrée en voyant partir sa fille, tellement qu'elle devrait retenir ses sanglots. Ah non ! C'est hors de question de fondre en larmes, là – dehors – devant tout le monde. Les adieux, Yolande n'aime pas ça. Elle dit toujours : « J'ai trop pleuré, j'ai pleuré assez pendant ma vie de femme, je ne veux plus pleurer ».

Lou n'avait pas bronché sur le coup, elle avait compris que sa mère n'avait pas la force d'attendre sur le quai et de voir le train partir. Lou aurait bien voulu voler encore quelques minutes, elle aurait bien discuté encore jusqu'à tard dans la nuit, elles avaient toutes les deux tant de choses à se dire.

Lou repense au coup de fil passé à sa mère, la semaine précédente. Vingt-huit ans s'étaient écoulés. Elle se souviendra toute sa vie de cette voix au téléphone, surprise puis un peu tremblotante, ce timbre de voix qu'elle avait complètement oublié.

— Ah ma chérie, Lou, ma chérie… Oh ça fait si longtemps…

Elle se souviendra aussi de cet aller en train où elle était bouleversée par la sensation douloureuse de réveiller des vieilles blessures. Pendant toute la durée du trajet, elle était envahie par une bourrasque d'émotions, elle en avait mal au ventre, mal à la tête, les mains moites et gelées. Même si le paysage qui défilait devant ses yeux à toute vitesse, était splendide, elle était incapable de penser à autre chose. Parfois, l'envie lui prenait de descendre du train et de rebrousser chemin vers Paris. Son père avait détruit toutes les photos et l'image qu'elle avait conservée dans sa mémoire était devenue peu à peu floue avec le temps. Lou avait peur, peur d'être déçue, peur de l'inconnu... Une multitude de souvenirs d'enfance remontaient à la surface et le tout s'accompagnait de colère, de tristesse puis ça s'estompait et ça reprenait de plus belle, mêlé à de la curiosité. Elle était curieuse de savoir ce que sa mère était devenue, préoccupée de revoir une étrangère. Lorsque le train est entré en gare de Gourdon, ses battements de cœur s'accéléraient, elle avait la chair de poule et ses jambes tremblaient. Yolande l'a reconnue tout de suite. Elles se sont serrées dans les bras longtemps, leur visage recouvert de larmes...

Ces quelques jours ont filé si vite, remplis de confidences à la fois poignantes et attendrissantes. La voilà à nouveau sur le quai mais cette fois-ci pour le retour. Lou a le cœur gros mais elle a envie de profiter aussi de l'instant présent jusqu'à la lie. Elle fixe de son regard noir le nom de la ville – Gourdon – elle est quand même bien agréable, cette petite ville aux accents de Moyen Âge !

Gambader en plein cœur du Sud-Ouest, c'est comme si ses pas avaient rimé avec douceur de vivre. Ah! Qu'ils sont beaux ces villages perchés du Quercy... de vrais petits bijoux. Le charme des pierres sèches, les maisons à colombages et les petites ruelles ont opéré sur Lou. Elle est séduite !

Une odeur très forte de miel l'interpelle. Elle tourne la tête à gauche puis à droite. Elle ferme les yeux quelques secondes et met toute sa concentration sur son odorat.

— Il n'y a pas que du miel ! se dit-elle.

Puis peu à peu, toujours les paupières baissées, elle discerne un parfum subtil de fleur d'oranger et en cherchant encore plus, peut-être un soupçon de tabac. Elle rouvre les yeux et comprend. De gigantesques genêts se dressent aussi haut que le toit de la gare. C'est magnifique ! Ils sont là comme de grands arbres sous lesquels ils feraient bon se rafraîchir. Lou les contemple, elle leur trouve quelque chose de bienveillant, de protecteur. Elle voudrait se faire toute petite et se faire cajoler... un peu, un tout petit peu ! Sa mère va lui manquer... encore.

Quelle coïncidence ! Lou avait lu récemment la légende du genêt. Elle raconte que le comte d'Anjou, était à cheval lorsqu'il aperçut au milieu des champs de genêts, une licorne à tête de femme, vêtue d'un manteau d'or. Bouleversé par cette apparition, cette plante deviendra son emblème sur ses terres. Lou avait trouvé ce récit joli et romantique.

Une brise les force à se balancer très légèrement, une sorte de salut majestueux qu'ils semblent lui adresser. Elle aussi, tout se balance dans sa tête, elle retournerait bien quelques instants auprès de sa mère. C'est l'heure tardive où les fleurs libèrent leur parfum. Ça sent merveilleusement bon, ça enivre, ça fait rêver, ça réveille la mémoire olfactive. Lou se met à crier et fait des grands signes.

— Rapprochez-vous chers insectes de ces fleurs flamboyantes tachetées de rouge, piquez, piquez, embrassez celle que vous voudrez ! On vous met à l'épreuve.

— Allez, Obéissez ! répondent les insectes. Tous en direction du lobe central, déposez-vous très doucement, délicatesse oblige... Ohé, ohé, ohé ! Et vous bandes d'étamines, où vous vous cachez ? Que personne ne se dégonfle, soyez courageuses. – Et paf... Voilà, Mesdames les étamines !

Elles sortent de leur cachette, se déroulent brutalement –. C'est un vrai chantier de projection... Du pollen, il y en a partout, ils en ont plein les pattes... plein le dos... allez, passez à vos voisins !

Le soleil descend dans le ciel... La lumière est douce, elle offre des teintes merveilleuses de jaune, de rose et d'orange. Ça vient réchauffer la couleur de la gare, des volets, des bancs, la couleur de la végétation, des balconnières fleuries... C'est l'heure dorée. Des beaux verts, des beaux bleus, des beaux jaunes, des beaux rouges, ça vous remue le fond sensuel d'un être, ça vous émeut. On pourrait se croire dans une immense toile peinte de Matisse...

« La couleur surtout et peut-être plus encore que le dessin » dirait-il...

Le temps est suspendu, les couleurs piégées dans la cage aux fauves. C'est le meilleur moment pour les plus belles photos. Aucun nuage à l'horizon. – Même l'aplat bleu du ciel est d'une audace chromatique à vous couper le souffle.

Lou est émerveillée. Elle s'impatiente et passe encore sa main dans ses cheveux ! Elle allume une cigarette pour s'occuper pendant les quelques minutes qui lui restent. Le haut-parleur grésille puis une voix langoureuse annonce :

— Vous êtes sur FIP, la radio libre qui vous fait rêver, FIP vous souhaite une bonne journée.

Une chanson commence, Lou la reconnaît tout de suite :

« Ma chambre a la forme d'une cage
Le soleil passe son bras par la fenêtre
Les chasseurs à ma porte
Comme des petits soldats
Qui veulent me prendre
Je ne veux pas travailler
Je ne veux pas déjeuner
Je veux seulement oublier
Et puis je fume. »

Lou se demande ce qui se passe. Elle pense à une blague destinée à un voyageur, une voyageuse, en même temps ce n'est pas trop le genre de la SNCF... serait-ce pour elle ? À part Yolande, elle ne connaît pas grand monde dans ce coin. Encore une coïncidence, Lou adore cette chanson, elle en connaît toutes les paroles. Elle entend à nouveau le refrain :

« Je ne veux pas travailler
Je ne veux pas déjeuner
Je veux seulement oublier
Et puis je fume… »

Elle est toute seule sur le quai, oui elle fume et alors ! La musique et les paroles lui font du bien. Elle sait qu'elle va fredonner cet air pendant plusieurs heures. À chaque fois qu'elle entend un morceau qu'elle aime, c'est pareil, ça va et ça vient dans son esprit jusqu'au soir, ça tourne en boucle. C'est la magie de la mémoire… Sacré réseau de neurones, sûrement plus important que pour le langage ! Ça s'imprime, ça s'imprime ! « La, la, la… Je ne veux pas travailler… La, la, la… Et puis je fume ». Elle ne comprend plus grand-chose…

Elle écrase nerveusement sa cigarette avec son pied droit. Elle scrute les alentours, pas une seule femme, pas un seul homme, pas un seul enfant, juste quelques pigeons. Une patte devant l'autre, ils avancent bien fiers… picorent ici et là quelques miettes par terre et ignorent tout en oscillant la tête. D'ailleurs ce n'est pas vrai, c'est juste que la tête est d'abord projetée vers l'avant, elle prend de l'avance sur le corps… Eh, eh ! Ça s'appelle un effet d'optique !

Personne ne prend le train aujourd'hui ? Ça lui fait tout drôle. C'est bizarre ! À Paris, un quai vide, ça n'arrive jamais. Après tout elle ne demande pas mieux… Un train pour elle toute seule, comme une vraie princesse… Il faudrait quand même que le train s'arrête en gare et ne file pas devant ses yeux. Ça serait le bouquet, depuis le temps qu'elle fait la jambe de grue !

Elle regarde la pendule. Lou prend son air complètement interloqué et ses sourcils changent d'expression. Celui de droite prend presque la forme d'un accent circonflexe. D'habitude les horloges de gare sont toujours rondes, celle-ci est triangulaire…

Les chiffres ne sont même pas à la bonne place ! Drôle de gare, drôle de pendule... Mais comment fait-il, le chef de gare ? Qu'est-ce que tout cela signifie ? Aujourd'hui, elle n'essayera pas de lire l'heure. Décidément, il se passe plein de choses bizarres. Ce n'est plus qu'une question de minutes, elle devrait apercevoir au loin le train qui approche à toute vitesse... Lou s'avance vers la pancarte « L » suspendue au-dessus de sa tête. Elle sera ainsi en face de son numéro de voiture. Pas question de faire la course en talons et avec une valise...

Le ciel s'assombrit. Un souffle d'air plus frais pousse un peu plus loin un emballage vide... Un frisson lui traverse le corps. Zut, il commence à tomber quelques gouttes !!! Lou regarde en l'air, il y a un gros nuage gris juste au-dessus et maintenant le chant mélodieux de la pluie couvre celui des étourneaux. Les fleurs des genêts chargées d'eau laissent échapper un délicieux parfum sucré. Lou baisse encore ses paupières pour mieux savourer. Il est des instants dans la vie pendant lesquels on pourrait presque croire que la végétation a une âme. Quelques gouttelettes ruissellent le long de son front, Lou s'essuie avec le revers de sa manche... Le train s'arrête...

— Ah Victoria, c'est super. Tu sais que tu m'as fait un sacré cadeau, en plus, un cadeau qui t'a demandé beaucoup d'imagination, beaucoup de temps et un déplacement en Espagne.

— Tout va bien Maman. Merci, je suis heureuse que ça te plaise et que ça te touche.

Victoria aime faire plaisir et même si ce cadeau représente toute une organisation à lui tout seul, c'est si agréable à faire. C'est une manière pour elle de lui dire encore et encore *je t'aime*. Ce petit instrument, elle l'avait imaginé et créé avec toute sa tendresse. Elle en avait partagé l'idée avec ses amies et toutes avaient été d'accord pour dire que ce présent serait pour sa mère, une belle surprise remplie de plaisir et de joie. Elles avaient été également un soutien pour la mise en œuvre et la finalité de cette invention si originale.

— Maman, ce n'est pas fini !

— Tu as raison, il me reste encore une dernière note, la cinquième. Tu as vraiment tout conçu dans le moindre détail. Je suppose que tu connais la signification et le symbolisme du chiffre cinq ?

— Bien sûr. C'est toi qui m'as éduquée, Maman, n'oublie pas. Ça te correspond bien, c'est le symbole de la liberté, du changement, du dynamisme.

— Exactement ma fille, tu as bien retenu tes leçons. Rajoute aussi l'excentricité et l'excès.

— C'est tout toi. Croquer la vie avec cette incroyable capacité que tu as, en plus du reste, à motiver et aider les autres. J'ai enregistré une de tes nouvelles que tu avais écrites sur toi. Le choix n'a pas été facile parce que je les aime toutes mais j'espère avoir fait le bon.

— Mais oui, tu fais souvent les bons choix.

— Tu appuies ou j'appuie ?

Victoria sourit et donne un petit coup d'épaule à sa mère comme si elle voulait gagner une course. Elle enfonce la note et la bande sonore commence. Lou découvre avec étonnement les voix de toutes ses amies qui lui fêtent à tour de rôle un joyeux anniversaire. Elle n'arrive pas à retenir ses émotions trop fortes, sa gorge est nouée et elle finit par essuyer deux larmes qui s'échappent de ses yeux.

Puis la nouvelle s'enchaîne rapidement après…

9

Tic, Tac, Tic, Tac ! Lundi neuf heures – Paris, un lundi matin... Un petit regard furtif dans le miroir – Lou passe sa main dans ses cheveux pour discipliner une mèche rebelle. Un petit rictus de satisfaction et Clac ! Elle ferme la porte de son petit appartement douillet, un tour de clefs puis deux. Son sac sur l'épaule, elle se faufile dans son minuscule ascenseur. La porte se ferme. Lumière rouge... les numéros des étages défilent et l'accompagnent doucement dans la descente de son septième ciel, sixième, cinquième, quatrième...

La nuit a été courte et la nuit précédente ponctuée de sacrés cauchemars qui lui ont rappelé qu'aujourd'hui elle est heureuse et que sa vie est devenue un rayon de soleil. Pas le temps de compter les étoiles ou les moutons. Le réveil ? Douloureux ! C'est toujours pareil, on est bien, on discute, on refait le monde, on boit encore un dernier verre et puis brusquement les aiguilles donnent le vertige, le temps galope... Ah non ! Ce n'est pas juste ! Il est déjà minuit et Lou doit rentrer, demain il y a école. Malgré sa fatigue, elle se sent toute légère, heureuse, c'est une nouvelle journée qui commence.

Le hall se remplit d'un mélange de rose Bulgare et d'iris bousculé par une note de fond poivrée. Elle sort de son immeuble. Elle est lumineuse, ses lèvres s'étirent, son sourire s'agrandit... elle sait que ses deux petites fossettes sont fidèles au poste. Ça l'amuse depuis qu'elle sait que le responsable est Monsieur le muscle « grand zygomatique ». Les siens sont trop courts... Ils tirent, ils tirent sous la peau et v'là que ces deux petits creux mignons retrouvent toujours la même place sur son visage. Le charme tient finalement à peu de chose, pense-t-elle !

Ce matin, son tailleur jaune vif annonce un joli mois de mai. Il faut bien égayer et encanailler sa silhouette trop précise. Une ceinture bien serrée dessine sa taille. Sa couleur, violet foncé, fait penser à une orchidée. C'est large, c'est verrouillé par deux boucles en strass à la façon d'un corset. Un peu de fantaisie sur laquelle se posent quelques regards masculins. Ça brille, ça aveugle… Boucle-miroir ? Boucle-bijou ? Boucle d'or ? Mais non ! Lou est brune, une vraie brune aux cheveux noirs !

Allez, go ! Elle est prête à entrechoquer sa légèreté et sa joie de vivre avec la vacuité de l'existence des passants. Elle se déhanche, un coup sur la droite, un coup sur la gauche comme un concours de danse ou une chorégraphie digne d'un grand nom de la haute couture. Clic, clic, clic, fugitif contact de ses stilettos sur le bitume, la cadence est rapide et élégante. Sa démarche fait entendre un petit crissement sensuel de ses bas nylon… mais il n'y a qu'elle dans ce secret intime. Elle est sûre d'elle et se fie toujours à son bon goût, un dosage savant d'extravagance qui réveille les formes classiques de ses vêtements, une sorte de féminité qui se fait quelque peu impertinente.

Elle est pressée. Elle n'aime pas être en retard. Elle lève la tête, cherche du regard cette lumière qui nimbe la vie d'une aura sucrée.

Aujourd'hui les nuages se tiennent les coudes… pas moyen d'apercevoir un seul rayon. Elle sait au fond de son cœur que le Dieu du bonheur imprègne doucement le royaume de certaines âmes… celles qui ne sont pas malades.

Elle regarde sa montre, fait la moue. Elle hésite à disparaître sous terre pour retrouver le climat anxiogène qui y règne en ce moment. Métro-bus, bus-métro ? Finalement elle choisit et se dirige vers l'arrêt du 74. Ça lui plaît bien de voir le ciel. Le bus ne devrait pas tarder. L'air est doux, c'est agréable. Elle reconnaît le parfum des magnolias en fleur de la ville.

Des voyageurs attendent – certains, rêveurs ou énervés, bavards, en retard ou encore mal lunés... Ça chuchote, ça téléphone, ça tousse, ça rigole, ça mouche, ça fume, ça écoute de la musique...

Lou s'isole un peu, fait un demi-tour sur elle-même et se retrouve face à Kristin Scott Thomas en égérie beauté, yeux dans les yeux, du bleu turquoise qui vient chatouiller les yeux noirs de Lou, même pas mal ! Belle affiche, belle actrice, bon message, bonne crème antirides ? La beauté n'aurait-elle pas vraiment d'âge ? Lou réfléchit, un peu agacée. C'est la tendance... Ces grandes marques qui vendent du rêve, de l'illusion, de la jeunesse éternelle et de la fontaine de Jouvence ? Miracle ou utopie ? Ben voyons ! Disons plutôt : éclairage studio, maquillage et Photoshop ! Donnez-vous en à cœur joie chers tampon, correcteur, pipette, pinceau, crayon, gomme et autres outils ! Mais laissez donc la vie faire les marques du temps !

Le bus arrive enfin. Tout le monde se précipite. Bip, bip – bip/ bip – bip/bip/bip – bip ! Tous les titres de transport se succèdent. Ça ressemble à des rythmes de percussions où la vibration de l'appareil qui composte remplace un bonjour au chauffeur. Il y en a, parmi le troupeau, qui font quand même un signe de tête en murmurant un truc inaudible. D'autres, de véritables sauvages qui bousculent sans dire pardon. Ça serait trop commode que tout le monde se respecte ! Lou adresse un sourire au chauffeur qui le lui rend instantanément. Elle avance péniblement dans le fond du bus.

— Pardon, pardon, excusez-moi. Ah ! Je suis désolée, pouvez-vous avancer dans le fond ? Merci beaucoup, excusez-moi, pardon, pff !...

Elle s'assied côté vitre, avec l'impression d'avoir utilisé toutes les formules de politesse. Tout le monde semble stressé par le temps, par les transports, par les grèves, par la foule, par les embouteillages, par l'obligation d'aller travailler. Elle les imagine transformés en une colonie de pipistrelles avec la tête à l'envers, ça serait drôle, plus personne n'aurait l'air de bouder.

Le bus démarre. Lou se sent presque dans la peau d'une touriste. Elle est prête comme si on lui avait promis une visite exceptionnelle de Paris. Rapidement elle aperçoit le Palais de Justice, un énorme paquebot à plusieurs ponts avec des kilomètres et des kilomètres de jardins suspendus. C'est comme une ville verticale entièrement transparente, une forme presque mathématique sans arrogance, à vous couper le souffle ! Bravo M. Piano, bravo.

Le bus commence à la secouer fortement. Dehors il y a de plus en plus de brouillard. Elle devine certains immeubles qu'elle connaît bien. Mais qu'est-ce c'est ? Que se passe-t-il ? Ça dodeline à présent. Elle étire son cou avec difficulté pour mieux voir, peut-être apercevra-t-elle quelque chose ? Elle n'en revient pas, elle se frotte délicatement les yeux. Deux lilliputiens courent, galopent à la manière de petits dadas. Quels beaux habits de livrée ! Justaucorps coloré et redingote, galons, passements, franges d'or et d'argent bougent au tempo de la cavalcade.

Certes, elle veut être à l'heure mais quand même, ils n'ont pas besoin de se hâter ainsi. Calmez-vous, ralentissez ! Vous allez finir par tomber.

Elle ne comprend pas ce qu'elle voit. Ils soutiennent deux bâtons en bois sculpté très longs. Elle regarde autour d'elle, elle est toute seule, il n'y a plus personne ! Elle tourne la tête à droite, elle tourne la tête à gauche. Tout l'intérieur est tapissé d'un magnifique damas rouge coquelicot ! C'est chaleureux ! La chose s'arrête. Elle distingue péniblement une forme dans le reflet d'une vitrine, fronce les sourcils, se frotte les yeux encore une fois. Mais bien sûr ! Elle reconnaît une chaise à porteur. C'est trop joli ! Ça doit être celle qu'on appelait autrefois « De beau temps ». Il y a de la laque partout, jaune jonquille, il y a du bois doré, il y a sur le côté des arabesques dorées qui entourent deux initiales L.M. Mais, ce sont ses initiales, pense-t-elle ! Les petits bonshommes repartent à vive allure.

La chaise à porteur passe devant le métro Brochant. Aucun passant ne semble s'étonner. Au fait qui est-ce M. Brochant ou Mme Brochant ? Lou se le demande bien. L'avenue de Clichy monte un peu. Ça balance pas mal. Si ça dure encore longtemps, elle va finir par avoir le mal de mer.

Allez ! Grimpez encore les petits ! Ça monte jusqu'à la Place de Clichy, vous y êtes presque. Nous y voilà. Elle aime cette place avec son atmosphère hétéroclite, ça grouille de monde de jour comme de nuit. C'est l'un des rares endroits de Paris où flirtent ensemble plusieurs arrondissements. Les petits en dessous sont essoufflés, ils font une pause. Elle les entend chuchoter… Mais qu'est-ce que c'est que cette pomme monumentale au beau milieu de la place ? Ils n'ont jamais vu ça ! Une pomme en acier, en forme de planisphère gravée ? Ils ont l'air de trouver ça complètement décalé, un genre d'ovni métallique qui se serait posé là par erreur. Elle aussi, si elle montrait de l'intelligence et de la tolérance… elle aimerait. Eh bien non, c'était mieux avant, avec la statue érigée pour les Parisiens. Elle préfère ne pas s'aventurer dans ses jugements. Ça brille, c'est presque aveuglant, tout le monde réel se reflète dessus, elle écarquille les yeux… On y voit le ciel, les oiseaux, les arbres et les immeubles… et puis d'autres chaises à porteur et puis d'autres lilliputiens aussi.

Lou se frotte le front, elle a l'impression que le brouillard s'est infiltré dans sa tête. À quelle époque sommes-nous ? Quelle année ?

Quel jour ? S'il existe bien une chose qu'il ne faut pas maîtriser c'est le temps ! Elle laisse son esprit divaguer. Peut-être que d'un instant à l'autre, elle va se trouver nez à nez avec Gulliver ou Jonathan Swift ? Ça serait le bouquet !

Les petites créatures repartent de plus belle, comme pour une chasse au tourisme. Lou tend l'oreille et les entend chantonner. Il y a de la belle intonation, deux voix à l'unisson parfaites, c'est juste, c'est clair, elle en a des frissons… l'air et les paroles lui rappellent quelque chose !

« Paris, reine du monde, Paris, c'est une blonde… La la la, la la la, ça c'est Paris, ça c'est Paris. »

Elle aime ça la Clichoise, ça la met de bonne humeur. Elle a envie de fredonner avec eux.

Le paysage défile. Elle voit un moulin, tout rouge. Pourtant, il n'y a pas de graines à moudre, à broyer, à piler dans le coin, que je sache ? se dit Lou. Pas de champs, pas de paysans, pas de blé, pas d'autres céréales, à moins qu'elle n'ait jamais fait attention. Juste une place qui s'appelle « la Place Blanche » ! Là, pour le coup, elle connaît l'origine, c'était la fameuse Barrière Blanche ou plus anciennement la Barrière de la Croix Blanche !

Qui voit-elle sur le trottoir ? Elle cherche dans sa mémoire. Elle a le nom sur le bout de la langue. Voilà, elle a trouvé ! Mais bien sûr ! C'est Mistinguette !!! Elle est là, debout, dans sa tenue extravagante. On y voit de la jambe, ambiance cabaret. Elle est magnifique. Elle lui sourit et lui fait un signe de la main… Il y a de la plume, des paillettes et les petits hommes secouent la chaise au rythme de la chanson.

Lou se sent parfaitement joyeuse, emportée par un enthousiasme qu'elle n'a jamais éprouvé, une euphorie toute nouvelle, face à tous ces personnages, toutes ces couleurs, cette jolie mélodie.

« C'est féerique, danse, danse, Paris danse et tout devient merveilleux. »

Vive les années folles ! Lou aime cette parenthèse de liberté, il y a de l'effervescence. Une époque éblouissante, talentueuse, elle raffole de cette intensité inouïe qui fait vibrer. Lou regarde en arrière, Mistinguette descend les dernières marches d'un immense escalier en verre qui scintille, puis à cet instant, plus rien, tout s'est évaporé…

La visite de Paris continue sous les yeux écarquillés de Lou, elle veut conserver comme de rares pépites jalousées toutes ces belles images, tous ces monuments, tous ces quartiers atypiques.

Clac… St Georges… ça galope, ça galope. Clac clac… Richelieu Drouot… Bourse… Clac clac clac… ça galope, ça galope, encore…

Les porteurs cavalent, cavalent et Lou entend les petits cailloux rouler sous leurs bottes usées. Ils suffoquent, tellement ils se grouillent. Ils posent avec précaution la chaise à porteur. L'un des deux a un point de côté, ça fait mal, impossible de parler, l'autre se met à crier :

— C'est elle, c'est elle !

Lou ne comprend pas, elle ne voit strictement rien. Le brouillard est tout rose, rose comme de la barbe à papa. Brusquement, elle aperçoit le Carrousel du Louvre. Waouh !!! Il se soulève peu à peu, entraînant avec lui sa pyramide inversée. Magique ! Il semble s'élever comme pour monter sur une scène ! On se croirait presque dans le dernier secret des pyramides.

Chambre secrète et trésors d'ingéniosité ? En tout cas, ça fait une sacrée poussière ! Lou tousse et tousse de plus en plus fort. Elle n'en croit pas ses yeux. Comme ça en regardant au loin elle devine une femme qui s'approche, probablement une Duchesse ou une reine ou quelque chose du genre. Brocart de soie, dessins brochés d'or et d'argent... ça brille de partout.

— Ohé, vous, là ! Déguerpissez !

Elle leur adresse des grands signes. Elle fait des gestes désordonnés, pas ordinaires. Comme un tour de prestidigitation, elle sort d'énormes pierres précieuses de dessous son mantelet violet garni de vair.

Lou est pensive. Elle imagine ce pauvre petit-gris qui s'est fait faire la peau pour le plaisir de Madame. Au secours !

— Touk, touk, touk ! gémit l'écureuil.

La Duchesse lance de toutes ses forces... grenat, aventurine, agate. Ça rappelle les couleurs de l'arc-en-ciel. Elles viennent s'échouer contre la porte.

— Partez... partez ! Le ciel va vous tomber sur la tête ! Oust !

Lou tousse encore et se rend compte qu'elle a une fraise au cou... d'un blanc immaculé à larges godrons... comme celle qui hurle dehors. Elle lui aurait bien demandé pardon... si seulement elle connaissait la raison de son énervement, de sa méchanceté.

— Ah ! Médicis, Médicis, qu'est-ce que t'as Doudou dis donc ! Médicis, Médicis, Amadoue-toi donc !

Pas question de se laisser emporter dans cette spirale électrique ! Lou fait une sorte de bonjour avec la tête, un timide sourire et tout disparaît, ça valait mieux ainsi. La silhouette de la femme s'évanouit peu à peu et laisse place à une nuée de coccinelles jaunes aux points violets ! Est-ce un bon présage ?

Le carrousel, quant à lui, vole en éclats comme un château de cartes... As de cœur, dix de trèfle, joker, valets, reines et rois... elles flottent toutes au vent comme des feuilles d'automne. Lou sent quelque chose tomber sur son bras.

Les lilliputiens se sont arrêtés, elles ne les voient plus...

— Madame, Madame, réveillez-vous, vous êtes arrivée. Madame, c'est le terminus, dit le chauffeur en tapotant le bras de Lou.

Lou sursaute et ouvre les yeux. Quelle folie d'avoir dormi dans les transports en commun ! Ça fait du bien, elle se sent plus reposée. Le rêve est venu encore une fois s'exercer sur la région de l'âme et a modifié sa notion du temps. Il est malin, celui-là, il cache dans nos esprits, ce qui est dit par un autre discours.

Elle se lève, descend du bus. À quelques pas, son bureau. Elle se regarde dans une vitrine, passe la main dans ses cheveux pour discipliner à nouveau sa mèche rebelle. Quelle voie royale ! Symboles, inconscient, messages codés, significations. Elle se risquera à analyser plus tard.

Un rayon de soleil fait apparition et fait briller sa ceinture. Elle est heureuse. Une nouvelle journée de travail l'attend. Elle est contente. Elle va retrouver ses collègues. Elle déjeunera à une terrasse au soleil en regardant les péniches passer.

Elle disparaît dans le hall de sa Société. Elle remarque par terre un petit caillou qui ressemble à une pierre précieuse... elle sourit !

10

Six heures quarante-cinq, le réveil radio vient de se mettre en marche. Lou sursaute dans son lit. Elle s'étire, elle a trop chaud, son corps est moite. Elle passe sa main sur ses tempes mouillées. Elle ne sait pas où elle est. La météo est très brumeuse dans sa tête.

Elle est bel et bien réveillée. Non… plus de cauchemar, elle est enfin sortie de ces mauvais rêves ! Quelle nuit ! La radio joue comme tous les matins sa chanson préférée. Elle entend juste le dernier couplet et même si elle voulait dormir encore un peu, ça lui fait du bien :

Je ne veux pas travailler
Non
Je ne veux pas déjeuner
Je veux seulement l'oublier
Et puis je fume.

— Non, je ne vais pas travailler, oui, je veux oublier ce cauchemar, fredonne Lou. Quelle idiote, pourquoi ai-je mis le réveil ? C'est dimanche. Ceci dit, merci petit réveil, tu m'as sauvée de cette nuit mouvementée !

Lou ne travaille pas le dimanche et pour elle, le dimanche, c'est sacré. Elle aime entrouvrir les persiennes, pour laisser passer la lumière et vite se remettre au lit avec un bouquin. Ce matin, elle se sent oppressée, un goût amer dans la bouche la plonge à nouveau dans ce songe. Elle décide de rester couchée encore un moment, remonte sur elle les draps froissés, allonge ses jambes pour se décontracter un peu… ce cauchemar en plusieurs parties lui a donné bien chaud. Et quel cauchemar ! … Ça fait bien longtemps qu'elle n'avait pas rêvé de sa mère. Elle cherche ce qui a pu agiter son inconscient de cette façon. Sans doute sa lecture, l'autre soir, sur la vie intra-utérine. Certains passages l'avaient fortement poussée à une réflexion profonde. Un enfant, c'est comme une éponge émotionnelle qui garde en mémoire, tout ce que ses parents ont vécu en positif et en négatif. Certes, son fardeau familial avait été lourd, avec le caractère de son père et les violences que sa mère avait subies. Au fil de sa vie, elle avait été tout à fait consciente du besoin vital de se libérer de son passé pour gagner une meilleure confiance en soi.

Elle repense à ce petit piano enregistreur. Il n'existe pas mais c'était très original, elle retiendrait cette idée. Le comportement de sa fille, dans le rêve, était identique à la réalité. Rien n'arrête Victoria. Quand elle a quelque chose dans la tête et surtout quand elle veut faire plaisir, elle fonce tout droit. Lou regarde sa table de chevet, elle est un peu déçue de ne pas voir ce petit clavier africain. Elle aurait bien appuyé à nouveau sur une ou deux notes.

Elle est contente de faire la grasse matinée. Elle savoure l'instant présent… un petit rictus de satisfaction arrive sur le coin gauche de sa bouche. Elle éteint sa radio, enfonce à nouveau sa tête sur son oreiller couleur jaune bouton d'or. Humm ! Ça sent bon la lessive, le propre ! Les lames ajourées des persiennes diffusent une lumière assez forte, il doit faire beau dehors. Elle gamberge et son cerveau travaille à cent à l'heure. Ce désagréable rêve, visiteur de la nuit, avait surgi comme lorsque l'on tire une mauvaise carte. Son dessin serait symétrique : en haut, la joie des retrouvailles et dans la portion du bas, le drame de l'abandon. Dans le jeu, une bonne carte avait été sortie qui contenait le cadeau de sa fille et ses enregistrements magiques. On ne peut pas tomber que sur des mauvaises cartes.

Elle s'évade et effectue un retour en arrière sur son passé, sa condition, son évolution. C'est comme si, une grande fenêtre s'ouvrait sur toutes sortes de sensations, d'images, d'émotions... Ça vous chatouille, ça vous bouscule, ça vous bouleverse, ça vous étonne. En décomposant, elle se rend compte que sa vie ressemble à des montagnes russes. L'essentiel a toujours été de continuer à avancer même si le but était flou, tellement il était loin.

Ce rêve s'enchaîne en deux mouvements avec un espace-temps complètement chamboulé. Tiens, un élément inventé, tiens, un élément vrai, tiens, un souvenir oublié, ça se mélange, ça se déforme, ça rebondit, ça fait mal, ça révolte. Certaines images correspondent bien à la réalité, d'autres... une pure broderie. Lou a souvent des rêves fous et sans limites, sans doute parce que ça fait bien longtemps qu'elle a changé sa mentalité et qu'elle s'autorise à penser grand. De l'amour, il y en avait dans ce songe comme dans sa vie d'ailleurs, l'amour, cette source très puissante dans laquelle elle a puisé sa force.

Rêver de chute ? Rêver de bus ? Lou se demande bien ce que ça veut dire ! Elle n'a pas envie d'aller plus loin dans le découpage, dans l'analyse de ce qu'elle a rêvé. Elle éclate brusquement en sanglots. Mais que lui arrive-t-il ? Elle ne se reconnaît pas. Elle doit être fatiguée pour être à fleur de peau, pour être aussi sensible.

Penser à sa mère, rêver d'elle, c'est une sensation qui grince et ressemble à une histoire non achevée... comme un livre qu'on lui aurait arraché des mains. De l'amour, sa mère lui en a donné beaucoup même si tout s'est arrêté à dix ans. Elle en aurait bien pris encore un peu... de l'amour. Il lui arrive encore, à certaines heures, d'être en manque de bisous, en manque de câlins, de soutien, en manque d'un *je t'aime*.

Lou a puisé avec courage dans les ressources les plus profondes de son être, celles qui permettent la survie. Faut la développer cette force, bon sang ! Faut la développer ! C'est cela qui la caractérise aujourd'hui. Pas d'emballement, là-dessous elle est consciente qu'il y a une bonne dose de fragilité et une vulnérabilité pas toujours visible. Il faut l'apprivoiser pour déceler tout cela. Après tout, la fragilité, c'est vital ! Quelqu'un nous touche parce que nous trouvons en lui cette *essence de verre*. Cette vulnérabilité ne devient-elle pas le moteur de toute expression, de toute émotion ?

La tendresse de sa mère, son amour, son attention, sa joie de vivre, sont gravés à tout jamais dans son cœur. Lou les gardera toujours précieusement telle une pépite. Au début de son combat, l'instinct des choses positives l'a guidée. Les émotions, elle s'est forcée à les canaliser pour éviter des débordements systématiques, la claque insupportable ! Ça vous tient la tête hors de l'eau et ça vous sauve la vie ! À dix-huit ans, Lou a tout quitté, des frères, une belle-mère, un père. Elle a fui la violence elle aussi. Elle voulait s'en sortir, donner enfin un sens à sa vie et montrer de quoi elle était capable. Pour Lou, la naissance d'un nouvel équilibre rimait avec un enracinement stable, son intuition restait intacte. L'essentiel était de percevoir toutes les subtilités des êtres humains, des situations. Il lui arrive encore aujourd'hui de confronter des expériences et de vouloir aider à son tour. Montrer aux autres qu'entre facteurs de risque et facteurs de protection, on peut toujours entrevoir une reconstruction, elle aime ça, ça lui fait du bien.

Les rayons du soleil tentent de forcer sa fenêtre par tous les interstices. Cette lumière lui est précieuse. C'est une manière de constater que ce matin, elle est bien en vie, elle est là pour observer ce qui se passe autour d'elle, là pour aimer et être aimée. Bien sûr qu'elle adore les couchers de soleil mais il faut reconnaître qu'il y a quelque chose de magique au lever, c'est toujours un nouveau jour qui commence.

C'est dimanche, Lou a des milliers de choses à faire. Toutes ces traces du passé sont loin maintenant. Elle ne les oublie pas, elle n'oublie pas son parcours, elle n'oublie pas son départ de vie, son faux départ comme elle dit souvent… Ces années sont derrière elle… À force de réfléchir, de faire le tri dans ce cauchemar bouleversant, les heures ont filé à une vitesse folle. Il est déjà tard… Ce soir, elle doit être en forme, c'est soirée restau, boîte, copines et fou rire.

Elle se lève, ouvre en grand ses fenêtres, regarde le ciel. Sa chambre est baignée de soleil. Lou prépare son café. Elle augmente le volume de la radio, c'est encore ce morceau de Pink Martini… Lou chantonne…

I don't want to work
I don't want to lunch
I want only to forget
And so I smoke

Décidément, cette chanson la suit partout. Elle prend son petit-déjeuner sur son balcon fleuri… Quelques tartines de pain grillé et sa confiture préférée de goyave… Faux gazon s'il vous plaît pour le fun… Lanterne, guirlande multicolore et petite maison d'oiseau. C'est son coin de paradis ! Un couple de pies jacasse sur le toit d'en face…

Lou sait optimiser son bien-être et continuer son épanouissement. Elle aime se remettre en question. Elle fait le bilan de ce qui va et de ce qui ne va pas, ça rééquilibre la balance du bien-être et s'il le faut, elle prend des décisions. Lorsqu'elle était plus jeune, elle a longtemps pensé qu'être heureuse, c'était être bien en permanence. Ce fonctionnement l'empêchait d'apprécier et de savourer tous les petits bonheurs de la vie. Au fil des années, elle a compris, pour éviter de devenir une petite vieille aigrie en robe fleurie, qu'il faut vivre autrement, surtout quand la vie vous a réservé un tel traumatisme. Lou a l'habitude de voir *la bouteille à moitié pleine*, parce qu'elle porte en elle cette rage de vivre et cette capacité de résilience. Jamais ternir la vie et tout faire pour qu'elle retrouve sa souplesse, nous n'en avons qu'une, répète-t-elle souvent. Sa mère qui adorait faire des pulls, aimait lui répéter :

— La vie, ma chérie, c'est comme un tricot que tu réalises maille après maille. Tu choisis les couleurs, la grosseur des aiguilles et la laine. C'est la tienne et elle ne ressemblera à celle de personne. Elle sera unique. Bien sûr, il y aura des difficultés, des mailles loupées. Parfois, tu t'apercevras tout de suite qu'il y a un trou, un vide. Dans ce cas, tu pourras réparer plus ou moins facilement. À d'autres moments, tu conserveras les mailles manquantes sans t'en rendre compte et elles t'empêcheront d'avancer et d'être heureuse. Même si tu persévères, les trous ne changeront pas de place. Dans ce cas, ma petite Lou, il te faudra détricoter ton ouvrage et rattraper la maille pour évoluer. Pour la vie c'est pareil – tu retricoteras ensuite sans faire de nœud pour atteindre ton but.

Pour le bonheur, Lou a également compris qu'il n'est pas attaché au futur.

— Quand j'aurai ci, je ferai cela, quand je gagnerai ci, j'habiterai là, quand je rencontrerai celui-ci, je bâtirai cela… Et puis la chose arrive et bizarrement elle était déçue, elle ne ressentait rien, elle avait tout simplement changé.

Au début, Lou avait la sensation de nager à contresens dans un courant toxique. Elle en a eu assez que tout ce passé douloureux déborde systématiquement dans son présent. Elle a su s'entourer de personnes qui l'ont soutenue, elle a su s'entourer d'amour, d'amitié. Ça faisait du bien de raconter ce qu'elle avait vécu à des personnes de confiance, qui savaient écouter, comprendre et soutenir. Elle se rendait compte aussi qu'elle n'était pas la seule à avoir une enfance particulière ou douloureuse.

Lou a grandi, a mûri en dépit de l'adversité. Elle garde à l'esprit que ces moments difficiles, qu'elle a surmontés l'ont rendue plus forte. Elle en retire une belle sagesse de la vie. Son bien-être, Lou le doit à son empathie, à cette connexion qu'elle recherche avec l'autre et cette façon qu'elle a, de donner plus de valeurs aux délicieux instants de la vie, *Les Petits Bonheurs*. Elle sait que le bonheur passe aussi par celui de ceux qui l'entourent, ceux qui l'aiment, les autres, en échangeant, en donnant surtout sans rien attendre en retour. Parfois, quand ses cicatrices se réveillent, Lou sait qu'elle aura une oreille attentive, du soutien, parce qu'elle a toujours été entourée. Lou répète sans cesse :

— Peut-on savoir ce qu'est la vie, avant d'avoir souffert ?

Finalement personne n'est vraiment épargné par la souffrance et elle préfère suivre les recommandations maternelles qui résonnent dans sa tête comme un refrain :

Ma chérie, entretiens chaque jour ton optimisme. Tu tireras les meilleures leçons dans la douleur ou de la moindre petite erreur. Garde toujours à l'esprit que la vie est courte mais si belle…

Il faut picorer tous les petits plaisirs
Jusqu'à ce que le grand Bonheur arrive
Et s'il n'arrive pas
On aura au moins joui
De tous les petits bonheurs…
Theodor Fontane

Ce récit est une œuvre de fiction. Par conséquent, toute ressemblance avec des situations ayant eu lieu ou avec des personnes existantes ou ayant existé ne saurait être que pure coïncidence.

Imprimé en France
FRHW010257030323
34152FR00015B/190

9 791020 356291